佩瑜怀瑾 纯质蕙心
—— 李佩先生的世纪生涯

郑哲敏 主编

中国科学技术大学出版社

图书在版编目(CIP)数据

佩瑜怀瑾　纨质蕙心:李佩先生的世纪生涯/郑哲敏主编. —合肥:中国科学技术大学出版社,2016.10
ISBN 978-7-312-04040-5

Ⅰ. 佩… Ⅱ. 郑… Ⅲ. 李佩—生平事迹 Ⅳ. K825.5

中国版本图书馆 CIP 数据核字(2016)第 185532 号

出版	中国科学技术大学出版社 安徽省合肥市金寨路 96 号,230026 http://press.ustc.edu.cn
印刷	安徽联众印刷有限公司
发行	中国科学技术大学出版社
经销	全国新华书店
开本	889 mm×1194 mm　1/12
印张	14
字数	196 千
版次	2016 年 10 月第 1 版
印次	2016 年 10 月第 1 次印刷
定价	200.00 元

本书编委会

主编 郑哲敏

编委 郑哲敏　李家春　万立骏　周德进　谈庆明

　　　　戴世强　郁百杨　李伟格　王克仁　陈允明

　　　　Donald Sturge

序

　　李佩先生是一位受人爱戴的跨世纪传奇老人。

　　她于 1918 年 12 月 20 日出生于北京,生长于北洋政府、国民政府时代,经历了抗日战争、解放战争和新中国的建立。

　　1936 年,她从贝满女中毕业后考入北京大学经济系。一年后,"七七事变"爆发,学校停课。1938 年,她辗转来到昆明,转入西南联大(全称为国立西南联合大学)。

　　1939 年,世界基督教青年大会在荷兰阿姆斯特丹举行,作为西南联大学生代表的她,随同团长龚普生率领的中国青年代表团赴会。

　　1941 年,她西南联大毕业后到中国劳动协会重庆分会工作,参加诸多进步活动并参与创办工人夜校和工人子弟托儿所。

　　1945 年,她随朱学范赴巴黎参加世界工会联合会成立大会,共产党人邓发作为代表团成员在会上发言,她与朱学范一起被选为执委会委员。接着在同地召开世界妇女大会,她作为代表之一参加。在设立妇女大会常设机构问题上,她声明自己不能代表中国妇女,需要在回国后征求国共双方的意见。

　　1946 年,中国劳动协会重庆分会被国民党政府取消,她决定赴美留学。

　　1947 年,她来到美国康奈尔大学,进入工业与劳工关系学院学习。在那里她结识了在康奈尔大学航空研究院从事教学和研究的郭永怀,并与其结为终身伴侣。

　　1956 年,她与郭永怀携幼女郭芹从美国回到新中国,以极大的热情投入国家建设。郭永怀担任初建的中国科学院力学研究所副所长,亲自参与了《十二年科学技术发展规划》的制订和实践以及"两弹一星"的研制和领导工作,并亲历了早期原子弹的成功试验。

　　1968 年 12 月,在从试验基地返回北京时,郭永怀因空难以身殉职,在大火中用身体保护机密资料使之得以完整保留,旋即被授予"中华人民共和国烈士"称号。

　　回国后,她的第一项工作是担任中国科学院中关村西郊办公室副主任,为新建研究所的科研人员服务,为那时还是荒野地区的中关村社区"找来"派出所、粮店、幼儿园、小学、医院、餐馆、小卖部……

　　1958 年中国科学技术大学成立后,她于 1960 年起承担该校的英语教学工作。

　　"文化大革命"中,她因莫须有的罪名受到隔离审查,遭受人身和精神上的莫大侮辱和折磨,时间有 6 年多。1968 年冬,志同道合的亲爱伴侣郭永怀因公殉职。连续的沉重打

i

击,她都默默地顶住了。

1996年,厄运再次降临在她身上,唯一的女儿郭芹因病去世,她又一次顶住了,变得更加坚强。

恢复工作后,她以极大的热情重新投入中国科学技术大学研究生院的英语教学事业,并为广大中国科学院出国进修人员和研究生开办英语培训班。从编制教材、聘请英语教师、授课直至安排教室、借用声像设备……她都亲自过问。培训工作历时近十年,共培训数千人,其中许多人学有所成,不少人成为科技领域的重要领导人。

她强调口语表达能力和实际应用,成效卓著。由她签署的英语资格证书,迅即被美国大学普遍承认。接着,她又创立并领导了科技翻译工作者协会,被誉为"应用语言学的创始人"。

她协助李政道博士开办了CUSPEA(China-U.S. Physics Examination and Application,中美联合培养物理类研究生计划),为广大有志于物理学研究的青年学者创造了赴美深造的机会。在外籍教师的配合下,通过对美国大学入学要求和程序以及奖学金、助学金发放条件的了解,她又为国内青年学子开辟了自费留学的途径。

她关心中关村退休人员,每周为他们举办各种讲座。每次都亲自选题,邀请报告人,并亲自主持。报告涉及领域广泛,为人们带来知识,带来享受,带来智慧。从1998年到2011年,报告历时13年,成为中关村一带的一个著名品牌。

她大声呼吁保留中关村北区的三座特楼,以纪念新中国成立初期为国家做出重大贡献的老一代科学家。她也曾为老年科技工作者的养老问题奔波。

她关心社区居民的健康,建立了健康服务站,为他们做定期血压、心肺监测。她关心周围的每一个人,人们经常看到她孤身一人搭乘公交车去探视一位病中的科学家、一位普通的科技工作者、一位同事……

她把全家的积蓄,包括郭永怀先生被授予的"两弹一星"功勋金质奖章,悉数捐赠给中国科学技术大学和中国科学院力学研究所。

无论做什么事,不管分内或分外,她总是那样投入,那样一丝不苟,那样周到,那样精彩。她从不因循守旧,她总有办法突破常规,哪怕路上有风险;她不断追求卓越,因而每项活动都具有鲜明的创新性。

人们不禁会问,是什么精神力量支撑着她?那就是中国科学技术大学师生首创的音乐剧《爱在天际》所歌颂的人间大爱,那种无私的,服务于国家、社会、社区直至个人的平凡却又无比高尚的爱,无论在哪里,都会放出金子般的光芒!

在李佩先生亲友的大力支持下,这本影集收集了她跨世纪、长达百年、反映她的生活与活动方方面面的珍贵照片。每张照片反映了一个瞬间,合起来却是一部记录伟大生平的传奇。

　　让我们感谢所有对影集做出贡献的朋友,特别是策划人。他们艰难地将珍贵的照片收集到一起,经过精心考证、选择、排版,将一位百岁老人坎坷而多彩的人生,用真实的照片呈现出来。

　　我们希望这本影集能给读者带来新的启发,唤起对李佩先生美好的记忆。

郑哲敏

国家最高科学技术奖获得者
中国科学院院士
中国科学院力学研究所原所长

前 言

在李佩先生临近百年诞辰之际，从她的同事、朋友、亲人提供的珍贵照片中，我们经过精心修饰、精心编排、精心注释，在中国科学技术大学出版社的支持下，《佩瑜怀瑾 纨质蕙心——李佩先生的世纪生涯》即将出版，在这本影集中首次呈现的许多瞬间、镜头和影像尤为珍贵。读者可以通过这本影集深入了解这位世纪老人的传奇经历、坎坷人生和内心世界。我们深信，李佩先生的刚毅果断、坚忍不拔、热情工作、开拓创新、大爱无疆和无私奉献的精神将会感动每一位读者、感动中国。

这本照片精美、内容丰富的影集是通过六个篇章向读者叙谈李佩先生百年人生足迹的：

"书香闺范 砥砺德行"篇（1923~1946）展示了20世纪20年代李佩与她父亲李保龄、母亲王惠芝和三个妹妹李佩珊、李佩珠、李佩环以及弟弟李佩璋的合影，保存了她在灯市口贝满女中和沙滩红楼北京大学求学时的青春风茂，锁定了她抗战时期到西南联大继续学业、参加进步社团活动和随后到中国劳动协会重庆分会工作的若干场景。在巴黎世界职工代表大会和世界妇女代表大会上，李佩充分显示了她出色的社交能力。

"琴瑟和鸣 比翼连枝"篇（1947~1955）记录了李佩来到美国康奈尔大学工业与劳工关系学院的学习经历。李佩在一次西南联大同学聚会上邂逅学长郭永怀，这时他已经因突破声障的理论成果蜚声学术界，并跻身世界空气动力学精英行列。李佩因仰慕他的科学才能和对艺术的共同兴趣与郭永怀结成终生伴侣，随后就有了女儿郭芹。在这幸福的时段，他们尽情欣赏大自然之美，李佩的倩影也留在了大峡谷。郭永怀在加州理工学院（CIT）学术休假期间与钱学森的合作确立了PLK方法的学术地位。新中国欣欣向荣的消息传来，他们毫不犹豫地举办告别野餐会，后乘坐"克利夫兰总统号"邮轮返回祖国。

"春风化雨 润物无声"篇（1956~1965）记载了李佩回国后最初十年的工作和生活。郭永怀全心投入科教活动，为了保障科学家的时间和精力，李佩放弃专业担任中国科学院中关村西郊办公室副主任。她想科学家之所想，在中关村办起了幼儿园、托儿所、学校、粮店、菜站、医院。在影集中收入了在原址拍摄的当年为科学家供应西式糕点和冷热饮的茶点部和绿化园区的道旁树。透过影集，我们仿佛可以感受到特楼里科学家切磋砥砺的氛围，听到楼群里传来的钢琴声，春意盎然。

"耐霜傲寒 风骨峭峻"篇（1966~1976）反映了"文革"十年中李佩一家的不幸和磨

难。正当郭永怀承担核武器研制工程重任赴西北进行现场试验和其独生女赴黑龙江插队落户之际，李佩却被无罪推定隔离审查。1968年12月5日，郭永怀因飞机失事不幸罹难，被追认为烈士。在无限悲痛之中的李佩没有得到应有的抚慰，却仍然要赴安庆、合肥继续隔离审查，直至1977年回到北京。

"老骥伏枥 志在千里"篇（1977~1998）记载了"文革"以后，年逾花甲的李佩以无限热情投身于改革开放的事业。李佩任职中国科学技术大学研究生院外语教研室主任后多次赴美国考察，提出了高效培养科技人员语言能力的方法；主持了遴选中美理论物理研究生（CUSPEA）考试工作；开辟了我国自费出国留学的途径；创立了中国科学院科技翻译工作者协会与期刊。因她在外语领域的杰出贡献，李佩先生被誉为"中国应用语言学之母"。许多知名院士、学者都是她的学生，她桃李满天下。

"明德惟馨 仰之弥高"篇（1999~）反映了李佩先生在八十高龄离休以后的生活和社会活动。这一时期她把精力转向中关村的老年社区，举办中关村专家讲座，成立老年互助活动中心，十二年如一日风雨无阻，关心退休老人的健康和文化生活。她会去看望当年中关村特区病中的老科学家钱学森、何泽慧，回国定居的林家翘以及她熟识的普通老人。她把"两弹一星"功勋奖章、郭永怀先生的遗物，还有仅存的积蓄捐赠给中国科学技术大学和中国科学院力学研究所，并在中国科大和中科院力学所都设立了郭永怀奖学金，受到最广泛人群的尊敬和爱戴。

总之，这本影集不仅是精致的摄影艺术作品，还是叙述李佩先生本人和发生在她周围的人和事的纪实文字，颂扬了以中关村为代名词的中国知识分子的工作和生活、思想和感情、事业和奉献。它还是一幅反映中国从"五四"运动经抗日战争、新中国成立，一直到改革开放的历史画卷，尤其是看到中国的科学事业从薄弱落后到兴旺发展的历史进程，令人深思、给人启示。

李家春

中国科学院院士
中国科学院力学研究所研究员
博士生导师

目　录

序　/ 郑哲敏　/ i

前言　/ 李家春　/ v

第一篇　书香闺范　砥砺德行　/ 1

第二篇　琴瑟和鸣　比翼连枝　/ 23

第三篇　春风化雨　润物无声　/ 61

第四篇　耐霜傲寒　风骨峭峻　/ 77

第五篇　老骥伏枥　志在千里　/ 95

第六篇　明德惟馨　仰之弥高　/ 117

郭永怀先生小传　/ 李家春　戴世强　/ 142

参考资料　/ 151

跋　/ 万立骏　/ 153

致谢　/ 郁百杨　/ 155

School Days

第一篇

书香闺范

砥砺德行

　　1918年12月20日,李佩出生于北京。父亲李保龄,江苏镇江人,清末毕业于南洋公学(现上海交通大学);因成绩优异,由官费送至英国伯明翰大学矿冶系深造;民国初,学成后归国,在开滦煤矿任工程师。李佩母亲王惠芝是家庭妇女。

父亲李保龄与家人的合影(时年李佩5岁)
Li's Family
右起:父李保龄、祖父、李佩、母王惠芝、妹李佩珊。
照片提供者:袁和

父亲:李保龄
Father: Li Baoling
照片提供者:袁和

母亲:王惠芝
Mother: Wang Huizhi
照片提供者:袁和

李佩是家中长女,原名李佩珍,上大学后自己改名为李佩。其下有妹妹李佩珠、李佩珊、李佩环,弟弟李佩璋。

李佩一家的合影

Li's Family

从左至右:母王惠芝、妹李佩珊、李佩、妹李佩环、妹李佩珠、父李保龄。

照片提供者:袁和

李佩小学时和家人的合影

Li Pei (in primary school days) and her family

从左至右：李佩、母王惠芝、妹李佩珊、妹李佩环、弟李佩璋、父李保龄、妹李佩珠。

照片提供者：袁和

民国时期的贝满女中（现为北京市第一六六中学）

Bridgerman Girls' School (now Beijing No.166 Middle School)

照片提供者：李佩

我父母和教会一点关系都没有,他们完全是旧社会的人。我祖父只是在镇江做一点小生意,家里把希望寄托在父亲身上,后来父亲上了上海南洋公学。因为念书比较好,他公费到英国伯明翰大学念矿冶。父亲办过《地质学报》。我父亲和李四光是同船回国的,他回国之后家就搬到了北京。我中学时家住在东城南小街。父亲主要在河南煤矿做矿冶工程师,做井下工作,后来又到开滦煤矿工作。

——李佩

中学时期的李佩
Li Pei in middle school days
照片提供者:李佩

李佩喜爱文艺,小学时曾导演话剧《白雪公主》,并扮演剧中小矮人一角。中学毕业时她组织排演了话剧《雷雨》。她还积极参加学校组织的各种社会公益活动。

1936年,李佩与妹妹及中学同学的合影
Li Pei, her sister (Li Peishan) and her classmates in 1936
照片提供者:李佩

中学时期的李佩和弟弟李佩璋的合影
Li Pei (in middle school days) and her brother (Li Peizhang)
照片提供者:袁和

我1936年考进北京大学,在沙滩红楼那边,念的是经济系。因为中学毕业不知道考什么好,那一阵学经济是最时髦的。

——李佩

1937年,李佩(左一)在北大红楼前
Li Pei (the first from left) in front of Red Building of Peking University in 1937
照片提供者:李佩

大学时期的李佩
Li Pei in university days
照片提供者:李佩

因抗战爆发,李佩全家迁往天津租界。李保龄与共产党有来往,家中曾是地下党聚会的地点。数年后,李佩的妹妹李佩珊和弟弟李佩璋秘密加入了共产党。

1937年,国民政府迁北京大学、清华大学和南开大学于昆明,建国立西南联合大学。李佩获知消息后,意欲赴滇以续学业。

父母与弟妹们1939年的合影
Li's family in 1939 when they moved to Tianjin because of the war
照片提供者:袁和

李佩将计划告知其妹李佩珊。李佩珊以看戏为由将父亲李保龄和弟妹们带离家中，李佩方得以脱身。

  抗战开始后北京人都往南方跑，想找个安定的地方去读书，所以我就去了西南联大。谁也不愿意留在北京陪着日本人。
——李佩

李佩在昆明期间
Li Pei in Kunming
照片提供者：李伟格

李佩之妹李佩珊（毕业于北京辅仁大学）
Li Peishan(Li Pei's sister, graduated from Beijing Fu Jen University)
照片提供者：袁和

西南联大旧貌
The National Southwest Associated University

李佩在西南联大的宿舍
Li Pei's dormitory in National Southwest Associated University (where she was elected as the vice president of the Student Union and took part in revolutionary activities)

照片提供者：李佩

1938年，李佩相约两位女生同行，由天津坐船至香港，再经越南河内辗转抵昆明，进入国立西南联合大学。

　　我在昆明做过一任学生会副会长。因为同情左派学生组织，我帮助并参加过左派群社搞的一些活动，于是三青团就在女生宿舍门口贴布告骂女生，从我这儿骂起。

——李佩

1939年，父亲与弟妹们在天津的合影
Li Pei's father and her sisters and brother in Tianjin in 1939
照片提供者:袁和

李佩在昆明西南联大期间
Li Pei in University days in Kumming
照片提供者:李佩

> 西南联大是清华、北大和南开合办的,那时那么多的大师都在昆明,学生整天接触的都是这些今天仍为学术界怀念和称道的知名教授,郭永怀他们都上周培源的课。
>
> ——李佩

1939年,世界基督教青年大会在荷兰首都阿姆斯特丹举行,李佩作为国立西南联合大学的唯一代表,随中国青年代表团赴会。

李佩在西南联大时期
Li Pei in National Southwest Associated University
照片提供者:李佩

李佩大学毕业后
Li Pei, after graduation, working at Chongqing Branch of the Chinese Federation of Labor Union
照片提供者：李佩

李佩在重庆工作时期的证件照
Li Pei's photo used in her certificate during her working in Chongqing
照片提供者：李佩

1941年，李佩从国立西南联合大学毕业，到重庆参加中国劳动协会重庆分会的工作。

　　我在重庆中国劳动协会工作。这个协会后来相对亲共。协会有地下共产党员,也有比较有正义感的人。劳动协会会长是朱学范。当时美国劳工组织支持中国抗战,捐献了一大笔钱。为改善中国工人的生活条件,我们办了一些工人夜校、福利社、图书馆与托儿所。当时新华社对我们很重视,经常有人跑来和我们联络、要材料。一部分捐款送到延安去了。

——李佩

20世纪40年代初,李佩在重庆工人夜校教唱歌
Li Pei in Chongqing, teaching singing in a workers' night school in the early 1940s
照片提供者:李佩

1945年，李佩赴巴黎参加世界职工代表大会。因其出色的组织能力及一口流利的英语，与上海国立音乐学院的毕业生李献敏等被选入中国妇女代表团，于11月26日参加第一届国际民主妇女联合会。

李佩参加第一届国际民主妇女联合会
Li Pei at the First Conference of International Democratic Federation of Women
左一：李佩；前排右四：画家潘玉良。
照片提供者：李佩

李佩参加世界工会联合会的成立大会
Li Pei in the First World Congress of Workers
右起：朱学范、邓发、李佩。

出国前,李佩致电国际民主妇联,请他们以后直接跟共产党方面的邓颖超、蔡畅联系。大会上,李佩言明其并不能代表中国妇女,应留一席之地予中共代表。李佩回国后,大会秘书处的来信、来电即发至李佩,由其分发至各地机关,包括当时的八路军办事处。此项工作,李佩进行至1947年2月决定出国时止。

　　我现在都不大记得,当时我是很简短地说了一下,关于我们为什么到巴黎来,为什么我来参加这个会,我当时就是用英文讲的,李献敏再翻成法文。
——李佩

20世纪40年代中期的李佩
Li Pei in the mid-1940s
照片提供者:李佩

抗战后,李佩多次参加由中共领导的进步群众活动。1946年2月10日,重庆发生校场口惨案。民主党派组织群众大会,反对蒋介石政府撕毁旧政协协议,李佩亦参加此次集会,目睹李公朴、陶行知、郭沫若等民主人士被国民党特务殴打的情形。

　　校场口那次比较危险。发生惨案时我在场,那次郭沫若等人都挨打了。我也知道可能会打我们这些小萝卜头。我认识的一位塔斯社记者在场,他请我给他做翻译,打人时或许因为我和塔斯社记者在一起,所以才得以幸免。
　　　　　　　　　　　——李佩

20世纪40年代中期,李佩在重庆
Li Pei in Chongqing in the mid-1940s
照片提供者:李佩

1946年7月,李佩家人的合影

Li Pei and her family in July, 1946

左起:父李保龄、弟李佩璋、母王惠芝、妹李佩珠、
妹李佩环、妹李佩珊。

照片提供者:袁和

1946年7月,李佩回家后与父母和弟妹们的合影

Li Pei and her family in July, 1946, when she went back home

前排左起:母王惠芝、父李保龄;后排从左至右:妹李佩环、
妹李佩珊、李佩、弟李佩璋。

照片提供者:袁和

1946年7月,李佩和其弟妹们的合影
Li Pei and her sisters and brother in July, 1946
从左至右:李佩环、李佩珊、李佩、李佩璋。
照片提供者:袁和

In the United States

第二篇

琴瑟和鸣　比翼连枝

　　美国工会管教育的人把我推荐到康奈尔大学，我是1947年2月去康奈尔的，念的跟自然科学没有关系。那时康奈尔大学新成立了工业与劳工关系学院，相当于现在的工商管理学院，我就到这个学院读书了。

　　到康奈尔时，那里已经有西南联大的学生了，有一些同学聚会，这样我和老郭就比较熟了。有一次中国学生会请他来做一次关于火箭的报告，我去听了之后才对科学产生了兴趣。

——李佩

1947年，李佩在美国
Li Pei in the USA in 1947
摄影：郭永怀

康奈尔大学工业与劳工关系学院
The School of Industrial and Labor Relations in Cornell University
摄影：王哲

在这一次讲座上,李佩遇见了她在西南联大的学长郭永怀,开始了这段陪伴她一生的刻骨铭心的情感。

  我跟老郭倒也不一定是在康奈尔认识的,在西南联大时我们彼此就知道有这么个人。理学院和女生宿舍是挨着的,出入那条凤竹街时我们彼此都能遇到,但是并不熟识。人家告诉我,你看,那个高高瘦瘦的就叫郭永怀,念书念得非常好啊。

——李佩

康奈尔大学化学实验室
The chemical lab in Cornell University
摄影:郭永怀

相照 C.H.WONG 開王

1940年年初，郭永怀、钱伟长等留学生到上海集结，准备启程。他们登船后拿到护照，郭永怀发现护照上有日本领事馆的签证，让他们中途在日本登岸逗留。郭永怀认为不能接受敌国签证，当即撕毁护照，和钱伟长等全体留学生愤而离船。

郭永怀1940年在上海拍的证件照
Y. H. Kuo's photo in a certificate in shanghai in 1940
照片提供者：李佩

郭永怀在前往加拿大的船上
Y. H. Kuo on board to Canada
照片提供者：李佩

钱伟长、林家翘和老郭三个人考的是同一期中英庚款考试。当时负责执行中英庚款选派的是周培源、吴有训、饶毓泰,他们发现这三个考生的成绩一样,专业也一样,决定破例都录取了。

——李佩

郭永怀出国时和留学生在船上的合影
Y. H. Kuo and other overseas students on board to Canada
后排右三:郭永怀;前排左一:林家翘;前排左五:钱伟长。
照片提供者:李佩

1940年9月，郭永怀与钱伟长、林家翘进入加拿大多伦多大学深造，师从英国皇家学会会员、著名力学家、应用数学家辛吉（J. L. Synge）。半年之后，郭永怀获得硕士学位。该校最优秀的学生与他相比，也相形见绌。辛吉教授赞叹说："想不到中国有这样出色的人才，他们是我一生中很少遇到的优秀青年学者！"

接着，郭永怀决心求教于当代航空大师、空气动力学专家——冯·卡门（Theodore von Kármán）。

郭永怀在去硕士学位颁发仪式的路上
Kuo (second from left) on his way to his master diploma ceremony
前排左二：郭永怀。
照片提供者：李佩

郭永怀收藏的加拿大多伦多大学明信片
Postcard of the Toronto University kept by Kuo
照片提供者：李佩

郭永怀获硕士学位后的合影
A group photo of Y. H. Kuo and his schoolmates, after the awarding of Master's Degree
右起：郭永怀，林家翘，钱伟长。
照片提供者：李佩

郭永怀获硕士学位后的合影
A group photo of Y. H. Kuo and his schoolmates, after the awarding of Master's Degree
后排左二：郭永怀；左三：林家翘。
照片提供者：李佩

1941年5月,郭永怀来到美国加州理工学院,成为力学大师冯·卡门的博士生。

1942年,郭永怀在加州理工学院期间
Y. H. Kuo in Caltech in 1942
照片提供者:李佩

加州理工学院
California Institute of Technology
摄影:王永

冯·卡门送给郭永怀的自己的照片
The photo of Theodore von Kármán, given to Y. H. Kuo by Theodore von Kármán himself
照片提供者：李佩

历经困难、挫折和失败,1945年,通过4年多时间的辛勤劳动,郭永怀完成了有关跨声速流动不连续解的出色论文,获得了博士学位。钱学森的评价是:"郭做博士论文,找了一个谁也不想沾边的题目,但他孜孜不倦地干,得到的结果出人意料。"

1942年,郭永怀在美国
Y. H. Kuo in the USA in 1942
照片提供者:李佩

加州理工学院校园
Campus of the Caltech
摄影:周翕

冯·卡门有一个大弟子，叫威廉姆·西尔斯，他在康奈尔大学要办一个航空工程研究生院，所以冯·卡门就说，你就让郭永怀跟你一块到那儿去好啦，所以郭永怀就去了康奈尔大学。

——李佩

1946年，由于郭永怀在空气动力学研究方面做出的突出成就，在康奈尔大学主持航空研究生院的同门师兄西尔斯教授接受冯·卡门推荐，邀请郭永怀前去任教。

康奈尔大学航空研究生院的"三剑客"——郭永怀，W. R. Sears, A. Kantrowitz
从左至右:David (W. R. Sears 的儿子), 郭永怀, J. Wild, W. R. Sears, A. Kantrowitz, Reparbili
照片提供者：李佩

康奈尔大学校园
Campus of Cornell University
摄影：王梦然

　　郭永怀不仅在学术上大有建树,还对音乐、美术、摄影甚至植物学都颇有研究。这让自幼喜欢艺术的李佩与郭永怀这位年轻的科学家有了更多的共同语言。

　　他们相爱了。

郭永怀在美国洛杉矶植物园
Kuo in the Botanic Garden of Los Angeles
照片提供者:李佩

郭永怀自画像
A self-portrait of Y. H. Kuo
照片提供者:李佩

我住在女生宿舍,他自个儿有一个单元的房子,但他经常到宿舍来找我,约我一块出去玩。
——李佩

康奈尔大学校园里,留下了他们无数美好的回忆。平时,郭永怀很忙。但只要有乐团到康奈尔演出,郭永怀和李佩一定会双双出现在音乐会上。

康奈尔大学校园
Campus of Cornell University
摄影:王梦然

在康奈尔大学的九年里,李佩与郭永怀从邂逅到相爱、相知,这是她一生中最幸福的时光。

李佩在美国大峡谷
Li Pei in the Grand Canyon
摄影:郭永怀

李佩在康奈尔大学
Li Pei in Cornell University
摄影:郭永怀

在这段美好的时光里,郭永怀的镜头里只有一个人,那就是李佩。

最开心的事情应该是我和老郭认识的一段时间,认识了一些他的朋友;因为过去我与科技界接触很少,还没有意识到科技对我们国家建设的作用。
——李佩

李佩在纽约
Li Pei in New York City
摄影:郭永怀

其实我们在一起时不见得老谈科学,他爱好的东西挺多,对我来说,接触到科学,了解他们的工作对国家的重要性,影响了我后来的大半生。

——李佩

李佩在美国
Li Pei in the USA
摄影:郭永怀

Front Row, L. to R.: Mr. J. Teplitz, Dr. C. Loewner, Dr. H. S. Tsien, Dr. L. Lees, Dr. H. W. Liepmann, Dr. H. L. Dryden, Dr. T. von Kármán, Dr. R. Ladenburg, Dr. L. Bers, Mr. A. Kantrowitz. Second Row: Dr. C. C. Lin, Dr. S. Bergman, Dr. W. R. Sears, Mr. R. G. Robinson, Dr. H. J. Stewart, Mr. J. Stack, Dr. O. Laporte, Mr. R. J. Jones, Mr. M. C. Ellis. Third Row: Dr. E. Reissner, Dr. Y. H. Kuo, Dr. K. O. Friedrichs, Dr. H. W. Emmons, Mr. F. L. Thompson, Dr. J. H. Keenan, Dr. F. H. Clauser, Mr. C. E. Brown, Mr. R. R. Gilruth, Mr. T. L. K. Small. Fourth Row: Mr. E. O. Pearson, Jr.

NACA LMAL 51614   February 3, 1947

郭永怀与美国国家航空咨询委员会（National Advisory Committee for Aeronautics, NACA, NASA 的前身）科学家的合影
Y. H. Kuo, H. S. Tsien and C. C. Lin and other scientists in NACA
照片提供者：谈庆明

美国国家航空咨询委员会是美国于1915年成立的联邦机构，负责航空科学研究的执行、促进与制度化。郭永怀和钱学森、林家翘是 NACA 这个聚集美国顶尖科学家的机构中仅有的三位中国人。

郭永怀在康奈尔大学期间
Y. H. Kuo in Cornell University
照片提供者：李佩

在郭永怀对超声速研究不断获得成功时,他对李佩的感情也跨声速地发展着。1948年2月8日李佩和郭永怀结婚了。在康奈尔大学的所在地Ithaca小镇上,他们租了一套公寓。成家后的郭永怀在事业上更是突飞猛进。

郭永怀和李佩的结婚照(摄于1948年2月8日)
The marriage photo of Y. H. Kuo and Li Pei (on 8th February, 1948)
照片提供者:李佩

不久,在 Ithaca 的小镇上他们有了自己的漂亮的、温馨的家。

在这栋别墅里,有书房里长明的灯光,有朋友们的高谈阔论,还有莫扎特《费加罗的婚礼》中苏珊娜的咏叹调《你可知道什么是爱》(Voi, che sapete che cosa)等乐曲。

李佩和郭永怀在家中的合影
Li and Kuo in their house in Ithaca
照片提供者:李伟格

李佩和郭永怀在 Ithaca 居住的别墅
Li and Kuo's apartment in Ithaca
摄影:王丹红

美是很抽象的概念，数学也很美。最重要的是心灵美，人需要有正义感，为人处世各个方面都能适度，让人很容易接近，这些都可以算作美。
——李佩

李佩在美国
Li Pei in the USA
摄影：郭永怀

1951年，李佩硕士毕业。康奈尔大学语言学系教中文的老师因结婚离任，系主任Shadack教授邀请李佩给美国学生上中文课。这些学生是美国国务院挑选出来以后将派往亚洲地区做外交官的。

李佩在康奈尔大学
Li Pei in Cornell University
摄影：郭永怀

于是，李佩开始了教学工作，她成了康奈尔大学的教师、郭永怀的同事。

1950年年初，李佩和郭永怀在康奈尔大学
Li and Kuo in Cornell University at the beginning of 1950
照片提供者：李佩

1951年8月26日,女儿郭芹出生了。郭永怀的镜头里多了一位女性。只要有空,他就会拿起相机给李佩和女儿拍照。

一本本影集里,装载着这个家庭厚厚的爱。

李佩和郭芹在美国家门口的合影
Li Pei and her daughter Guo Qin
摄影:郭永怀

1954年,李佩一家三口在美国家门口的合影
Li Pei's family, in front of their home at Ithaca, in 1954
摄影:谷一郎

童年郭芹
Guo Qin in her childhood
摄影:郭永怀

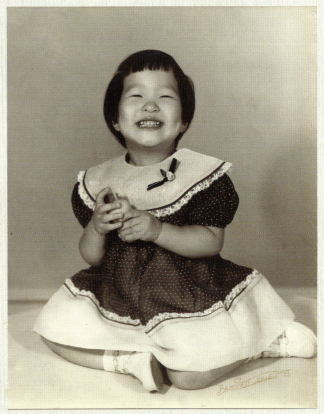

女儿郭芹的出生,给这个家里带来了更多的笑声和欢乐,但是也给李佩增添了更多的辛苦和繁忙。为了让郭永怀能专心地进行科研,李佩在教学之外,承担了全部的家务。也因此,她练就了一手精湛的厨艺。

1953年,李佩一家在美国家里的合影
Li Pei's family at home in 1953
照片提供者:李佩

童年时的郭芹
Guo Qin in her childhood
摄影:郭永怀

在邻居、同事和学生们的眼中,李佩是这样的平淡,但是又有着无可比拟的美。

李佩和郭芹在美国
Li Pei and Guo Qin in the USA
照片提供者:李佩

李佩和郭芹与邻居的合影
Li Pei, Guo Qin and neighbors
照片提供者:李佩

假日,李佩和女儿郭芹在游艇上
Li Pei and Guo Qin on a yacht on holiday
摄影:郭永怀

1953年,郭永怀在康奈尔大学已工作7年。有一次长假,英国的莱特希尔教授邀请他去讲学。郭永怀计划带李佩和女儿一同前注英国。

美国有关当局因担心郭永怀和李佩会趁机回中国,竟然禁止郭永怀出境。

李佩在美国和家人的合影
Li Pei's family in the USA
照片提供者:李佩

李佩(右三)在康奈尔大学航空研究生院成立十周年庆典上
Li Pei (the 3rd from right) at the 10th anniversary ceremony of Cornell Aeronautics Graduate School
摄影：郭永怀

李佩和郭永怀在美国
Li and Kuo in the USA
照片提供者：李佩

挚友钱学森知悉郭永怀被阻止离开美国的情况后,邀请他去加州理工学院讲学并度假。

在加州理工学院的半年,郭永怀完成了《在中等雷诺数下绕平板的不可压缩黏性流动》这篇论文,提出了准确描述平板前缘流场的新结果。

钱学森夫妇1948年在康奈尔
Mr. and Mrs. Tsien in Cornell in 1948
照片摄影:郭永怀

> 我们1953年在加州理工学院待了半年,这时跟钱家来往很多,大家老在一起讨论回国的事情,经常讨论新中国需要什么、回国之后做些什么。
> ——李佩

钱学森(左三)在加州理工学院
H. S. Tsien (the 3rd from left) at Caltech

加州理工学院古根海姆航空实验室
The Guggenheim Aeronautical Laboratory in the California Institute of Technology (GALCIT)
摄影:徐小林 徐妍珺

> 他说这些东西烧了也无所谓，反正这些要解决的问题都在他脑子里。
>
> ——李佩

1955年，美国移民当局到郭永怀家要求郭填表说明未来去向。郭永怀在表格上写明："中国是我的祖国，我是一定要回去的。"此后，郭永怀遭遇美国当局的监视。联邦调查局（FBI）的人也跑到他家里来询问。

为避免美国当局的纠缠，临行前，郭永怀在西尔斯教授为他举行的送别烧烤晚宴上烧毁了他的未发表的论文手稿。

1956年，郭永怀和西尔斯在告别烧烤晚宴上
Kuo and Sears at the farewell barbecue (where Kuo burnt his unpublished manuscripts, which may be related to the millitary projects in the USA)
照片提供者：李佩

1956年9月，郭永怀和李佩终于迎来了回国的这一天。当他们带着女儿登上"克利夫兰总统号"邮轮时，FBI的人也来了。他们直接跑向物理学家张文裕的船舱搜查。

他们就上来，就指着要查张文裕夫妇的那个舱，后来就到他们那个舱里头去，不知道查了半天拿走了什么东西。所以那个时候我才了解，郭永怀为什么要把他那些没有发表过的文章都烧掉，就是因为这同样的原因。

——李佩

郭永怀和李佩在回国的邮轮甲板上
Kuo and Li on the deck of the passenger liner to China
照片提供者：李佩

1956年9月,李佩离开美国前全家的合影
The last family photo before the family left USA in September, 1956
照片提供者:李佩

Back to China

第三篇

春风化雨　润物无声

1956年，郭永怀和李佩携幼女回国。郭永怀随即参加了国家《十二年科学技术发展规划》的制定会议。此时，规划的讨论已进入了尾声，但郭永怀仍被任命为力学组副组长，组长是他的挚友钱学森。他们的设想为中国未来的发展起了极其重要的作用。

> 当年我们过境踏上国土时，首先看到的是几间灰秃秃的小屋和穿着灰色制服的边防战士，而高高飘扬的五星红旗非常醒目，它使我们大家感到兴奋又温暖。
> ——李佩

回国后一家三口游园时的合影
A family photo of visiting park after returning to China
照片提供者：李佩

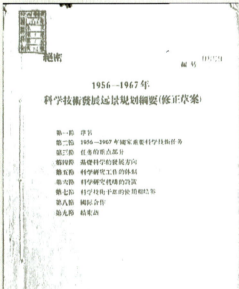

郭永怀回国后不久，就与钱学森一起承担刚成立不久的力学研究所的学术领导工作。郭永怀同力学界专家们一起运筹帷幄，制订了学科发展规划，提出了开展力学研究的正确途径，使得我国力学界的面貌大为改观，在短短的几年内，某些方面已接近世界水平。

1957年，郭永怀经过精心准备，在力学所作了《现代空气动力学研究》的报告，运用他丰富的学识提出了国内空气动力学（特别是高超声速空气动力学）的发展方向，发表了许多深刻的见解。

郭永怀回国初期的证件照
Kuo's photo in a certificate after returning to China
照片提供者：李佩

20世纪50年代的中国科学院力学研究所
The Institute of Mechanics in the 1950s
照片提供者：中国科学院力学所

1956~1967年科学技术发展规划纲要
Science and Technology Development Programme (1956~1967)

中国科学院中关村北区的家属楼最早建于20世纪50年代。13、14、15栋亦被称为"特楼",这里住着钱学森、钱三强、彭恒武、竺可桢、熊庆来、王淦昌等一大批中国的泰斗级科学家。

20世纪50年代末,李佩和郭永怀及女儿的合影
A family photo in the late 1950s
照片提供者:李佩

郭永怀一家回国居住的中关村13栋
Building #13 where Li and Kuo lived (Building #13, #14 were the so-called special building where most returned outstanding scientists lived)
照片提供者:李佩

中关村13栋的这几家邻里关系相当融洽，每个星期还会有一次聚餐。李佩更是个热情活跃的人，节假日邻居们常常会到她家中小坐，家中常常充满着欢声笑语和女儿郭芹的琴声。

20世纪60年代初，李佩一家和汪德昭夫妇在家中的合影
Kuo's family and Wang Dezhao's couple in the early 1960s
照片提供者：李佩

20世纪60年代初，李佩和郭永怀、女儿在家中的合影
Li Pei's family at home in the early 1960s
照片提供者：李佩

由于李佩具有丰富的社会活动经验和很高的英语水平，中国科学院安排刚刚回国的她去外事局工作。但为了让郭永怀全力投入科研工作，李佩谢绝了这个安排，要求在离家较近的科学院西郊办公室工作。

刚刚建起的中关村地区还是一片郊外的荒凉之地。科学家们的研究所和生活区没有配套设施。

> 老郭离开祖国已经17年了，女儿郭芹还不会讲中文，我需要照顾他们，不能经常出差。
> ——李佩

回国后的李佩
Li Pei after returning to China
照片提供者：李佩

在任西郊办公室副主任期间,李佩规划了中关村地区的建设,办起了医院、幼儿园、小学、菜场、粮店、糕饼店等生活设施。道路的两旁和宿舍区都种植了树。在她的努力下,中关村地区变得生气勃勃。

那时候,中关村已经聚集了一大批海外归来的学者。这些归国学者在国外生活多年,早已形成了西式餐饮的习惯,但当时条件艰苦,整个北京也很难买到西式糕点。李佩了解到情况后便积极奔走,一番周折后,北京市政府指定北京市服务事业管理局负责筹建,抽调高级技师,建立茶点部。1957年4月,中关村茶点部正式营业,那里不仅有各式西点和冷热饮,还布置了茶座,吸引了众多顾客。如今,当年的茶点部已历经半个多世纪的风雨,打上了历史的底色。

李佩建起的中关村糕饼店(曾经是科学家们周末聚集的地方)
The small bakery promoted by Li Pei (a weekend gathering place for scientists)
摄影:郁百杨

李佩当年组织种植的行道树
Street-lined trees that Li Pei organized to plant
摄影:郁百杨

　　1958年7月6日，郭永怀和钱学森及力学所党委书记杨刚毅在万寿山开会，确定力学所方向是上天、入地、下海。钱学森和郭永怀提出首先必须办一个学校培训学生，随之向科学院建议成立星际航行学院。
　　中国科学院向中央提出建立一所大学的报告后，很快就得到了批准，并将校名定为"中国科学技术大学"。在周恩来、邓小平、聂荣臻等中央领导的关注下，中科院积极筹备，中国科大于1958年9月20日正式成立。

　　我想科大人不应该忘记科大的来历，应该明白为什么国家这么重视科大。

　　　　　　　　　　——李佩

1958年的中国科大校门
The front gate of USTC in 1958
照片提供者：中国科大档案馆

刚创建的中国科学技术大学,13个系的系主任都由国内最著名的科学家出任。郭永怀担任化学物理系主任,为该系的创立操劳筹划。钱学森则担任近代力学系主任。

这事跟郭沫若院长谈了之后,郭沫若召开院务会议,讲力学所想成立星际航行学院,为的是培养年轻人。各个研究所也都说需要年轻人,讨论的最后结果是成立中国科学技术大学。7月底这事定了,然后9月20日就开学了,你想多快啊。

——李佩

郭永怀和钱学森在中国科大教务会议上
Kuo and Tsien at a meeting on education administration
照片提供者:中国科大档案馆

1958年,郭永怀一家和钱学森夫妇、汪德照在颐和园的合影
Y. H. Kuo, H. S. Tsien and D. Z. Wang with their families in Summer Palace in 1958
前排左起:钱学森、蒋英、郭永怀、汪德照;后排:郭芹、李佩。
照片提供者:李佩

郭永怀那时倒是在力学系上课，钱学森也给化学物理系上课。

老郭上课还是挺认真的，我记得他就在这书房里编讲义，可惜他的讲义原稿也找不到了。

——李佩

由于郭永怀先生有着丰富的研究工作经验，见解深邃，因此讲课别具一格，使学生们不仅知其然，而且知其所以然，使人事隔多年依然记忆犹新。

1959年，郭永怀在中国科大元旦献礼会主席台上
At the rostrum of a conference
左一：郭沫若；左二：郭永怀。
照片提供者：中国科大档案馆

郭永怀和中国科大研究生在一起
Kuo and students of the Graduate School of USTC
照片提供者：中国科大档案馆

同时,郭永怀还在近代力学系开课。

他几次放弃休假疗养的机会,和助手们一起紧张地工作,经过几个月时间的努力,编出了《边界层理论讲义》,在郭永怀逝世40周年之际,中国科学技术大学出版社据此正式予以出版。它篇幅不大,内容精辟,是郭永怀先生留给我们的宝贵遗产。

我不知道老郭教书怎么样,但他在康奈尔大学带的博士生都怕他怕得不得了。他要求比较高,差一点都不行。老郭的一个美国学生,大高个子,被老郭批评得直哭,他夫人就跟我说,郭先生可真厉害,像她丈夫这样的大男人都被骂得直哭。

——李佩

郭永怀在中国科大上课
Kuo taught a course on Boundary Layer in USTC
照片提供者:李佩

回国后，郭永怀和钱学森组织了全国三届力学研究班。他亲自带研究生，培养助手，指导研究工作。以渊博的学识和出色的指导艺术，以他的全部热情和关怀，为祖国造就了一大批优秀人才。

他亲自带的八位研究生中，先后有俞鸿儒、张涵信、李家春当选为中科院院士。

1959年至1962年，国家处于严重困难时期。李佩和郭永怀把家中计划供应的粮票、糕饼票和钱节省下来给学生和助手们补充食品。有时李佩会做好一桌饭菜，让郭永怀在力学所的研究生们来家里聚餐。冬天，公共浴室拥挤时，李佩会安排女研究生到她家里洗澡。因此，他们的家就成了研究生和助手们最喜欢光顾的地方。

郭永怀和力学所研究生在一起
Kuo and his graduate students in Institute of Mechanics
右起：郭永怀、陈允明、戴世强、李家春。
照片提供者：李佩

1960年，李佩调入中国科学技术大学外语教研室任教，开始了她的英语教学事业。此后的数十年，她心系英语教学，呕心沥血，兢兢业业。

很多学生回忆起她总会这样说：李佩老师是和蔼而又严格的，对学生很亲切。她在讲台上的气质那么好，衣着质朴大方而且每天都不一样。

学生念了一年外语之后，念科技书念不懂。我就请专职教员给我推荐一些理论物理及与自动化、计算机有关的书。我总是让学生先预习第一章，上课时告诉我有什么问题，他们提了问题后，我再反问他们几个句子，看看他们是否理解了，然后就和大家一起讨论，专业问题我不懂，我是边教边学。我必须上课之前自己读懂，不懂的到课堂上去问学生。这挺有意思。

——李佩

20世纪60年代的李佩
Li Pei in the 1960s
摄影：郭永怀

敬爱的李老师：

值此紧张而愉快的一学期即将过去，英文合格考试即将来临的茶夕，请接受我们对你的感谢和敬意。

一学期来在党的关怀和你的亲切指导下，我们的英文学习都有了不同程度的提高。我们廿干人来自不同的研究所，英文程度参差不齐，尤其是连简单的文法都经常搞错，但你总是耐心的一次又一次的指正，一次又一次的纠正。

我们深深的记得在课堂提问中，你是如何循循善诱，耐心教导我们的。甚至被提问的同学本人都没做出回答之时，你总是不厌其烦的用各种方式启发鼓励他，使之最后能够做出较完满的回答。

我们也记得你在课间，课后是如何耐心回答同学们提出的每一个问题的。尽管连续讲几堂课已相当劳累，但是课后你还是以十足的精力积极主动的反复解答同学们提出的问题。

你不顾班上有给你排队，你对几个学习后进的同学进行了定期的个别辅导。你帮助他们找出学习中存在的问题，你指引他们如何更快的提高；个别同学对英文学习的意义认识不清，你想方设法去启发他，促进他。尽管这几位同学因各种原因进步较慢慢，但在你帮助指导下，一学期来也有不少提高。

你仔细认真的批改每本练生，你细致全面的讲解每个疑难的句子……所有上述这些都会合成一股力量，推动着我们的英文学习的改进和提高。这股力量是来自有着崇高的政治责任感，对社会主义事业充满着热情的李老师。

敬爱的李老师，你对工作认真负责一丝不苟的精神，对同学循循善诱谆谆善诱的精神是值得我们学习的。

在即将考试的茶夕我们向你表示我们要努力争取全班通过考试以表示对你的谢意。

最后祝李老师身体健康，在教学之路不断地取得新的更大的成绩。

英语甲班 全体同学
1/22

中国科大 63 级研究生写给李佩的感谢信
The letter of thanks to Li Pei from the graduate students of USTC
信件提供者：李佩

后来，中国科学技术大学第一和第二批的学生除了去研究所外，都去了国防战线。
——李佩

郭永怀与中国科大首届毕业生合影
第二排左三：郭永怀；右一至右七：刘达、郁文、华罗庚、吴玉章、陈毅、聂荣臻、郭沫若。
At the first graduation ceremony of the USTC
照片提供者：中国科大档案馆

Hard Times

第四篇

耐霜傲寒　风骨峭峻

1960年5月,郭永怀接受中央任命,担任核武器研究院副院长,开始了第一颗原子弹的研制任务。

在怀柔的试验基地,郭永怀和王淦昌等科学家带领力学所的研究人员开始了爆炸试验。他每天清晨出门,深夜而归。

之后,开始频繁地往返于青海的试验基地和北京之间,常常不辞而别离家数月。

同时,郭永怀还承担了大量的国防科研项目。

李佩说:那些年,他几乎只有五分之一的时间在家里。

李佩除了忙于教学工作之外,还承担了全部的家务并照顾女儿。

她知道郭永怀一定在做着重要的事情,不能问也不必问。无数个夜晚,李佩默默地思念着不知所踪的丈夫,期盼着他的归来。

郭永怀在家中书房里
Kuo at home, reading
照片提供者:李佩

郭永怀在基地拿着试验成功的爆炸试件
Kuo in a research basis
照片提供者:李伟格

然而,作为一名科学家,郭永怀更希望能够在加强国防建设的同时,将知识用于建设一个祥和安宁、繁荣昌盛的国家上。

爆炸力学,这个迅速发展的新学科也引起了郭永怀的极大关注。20世纪50年代末期,他就亲自过问,组织起一支研究队伍。翻开他的记事本,可以看到,爆炸力学的各项任务课题始终占着重要地位。他时刻牵挂着长江三峡水电站、成昆铁路以及大型国防工程建设。

> 他从来没有跟我谈过他在那边的生活什么的,他自个儿生活得比较简单,比如说他每次要出差的时候,就自个儿拿一个小的手提箱,装一些喜欢的衣服,都不让我给他准备。
>
> ——李佩

郭永怀关于三峡大坝的论文
Kuo's paper on the Three Gorges Dam
照片提供者:中科院力学研究所

20世纪60年代中期,郭永怀在力学研究所
Y. H. Kuo in the mid-1960s
照片提供者:李佩

那个时候，差不多天一亮，我就要从家出发，当时也没有从家到玉泉路的车，得换好多趟车才行，有时我们很难赶得上8点上班。所以有时候我就跟我们住在中关村的几个教员一起走路走到玉泉路，去学校上班。

——李佩

20世纪60年代初，李佩和女儿郭芹在13栋门口
In the early 1960s, Li Pei and her daughter Guo Qin at the door of building #13
摄影：郭永怀

这个第一颗原子弹爆炸之后,老郭回到家里头,王淦昌就请我们全家到他们家去吃饭,他们也不提为什么,但是他们都非常高兴,我想他那天请我们吃饭,为的就是庆祝他们这个原子弹爆炸成功。

——李佩

1964年10月16日,我国第一颗原子弹爆炸成功。离家数月的郭永怀突然回到了家里。他疲惫的脸上透着喜悦。

第一颗原子弹爆炸成功后,郭永怀又投入了氢弹的研制工作,同时还承担了大量的国防科研项目和教学工作。1965年,国家成立了卫星研究院,郭永怀受命担任副院长,开始了第一颗人造卫星的研制项目。他更忙了,在家的时间更少了。

20世纪60年代初,李佩和家人的合影

A family photo in the early 1960s

照片提供者:李佩

尽管离多聚少,但是李佩知道,每次报纸上有关于国防科研成功的重大消息发布后,郭永怀就会回家了。可是频繁地往返于地处高原的研制基地和北京之间,郭永怀显得越来越苍老,头上增添了更多的白发。

为了给未来的航空航天事业打好基础,国家决定成立中国空气动力研究院(17院),郭永怀又被任命为17院副院长,开始了筹建工作。

20世纪60年代中期的李佩和郭永怀
Li and Kuo in the mid-1960s
照片提供者:李佩

　　1966年,"文革"开始了。小区里没有了往常的宁静祥和,住在这几栋"特楼"里的专家们也纷纷被审查、被关押。在这些人人自危的日子里,郭永怀和李佩始终保持着学者的气度和善良,他们甚至把已经受到打击的力学所研究员林鸿荪夫妇请到自己家中居住。

　　力学所谈庆明研究员回忆说:"1967年,郭永怀先生和李佩先生请我和我爱人一起到家里吃饭,我的导师林鸿荪夫妇当时已经住在郭先生家里。那天晚上,我们吃完晚饭,月色浪美,李佩先生提议我们到操场散步。其实'运动'已经开始了,大字报贴得到处都是,她经过操场时,指着一张大字报告诉我们,前两天她还去了那个被批判的人家里慰问。那个时候,别人都是避之唯恐不及的,她却不避嫌,这是多么高贵的人格。"

"文革"初期的李佩
Li Pei at the beginning of the "Cultural Revolution"
照片提供者:李佩

北京长征照相

"文革"开始后,作为高级知识分子子女的郭芹,在就读的中学里同样受到了歧视。

一天,学校组织"红卫兵"去天安门广场接受毛泽东主席的接见,郭芹被撵出了队伍,她哭着从天安门走回家里。然而她不知道,他的父亲郭永怀正承担着国家重大的国防科研任务。

郭芹(后排左二)和表兄妹
Guo Qin (back row, 2nd from the left) and her cousins
照片提供者:袁和

"文革"初期的郭芹
Guo Qin at the beginning of the "Cultural Revolution"
照片提供者:袁和

郭芹和表妹袁和
Guo Qin and her cousin Yuan He
照片提供者:袁和

1968年,"知识青年上山下乡"开始,当年的郭芹只有17岁。按照当时的政策,作为家中唯一的孩子,更何况她是郭永怀的女儿,郭芹完全可以不下乡。但她还是响应号召去了千里之外的内蒙古农区插队。

1967年,郭芹(中排右二)和同学在天安门前的合影
Guo Qin (middle row, 2nd from right) and her classmates at the Tian'anmen Square in 1967
照片提供者:李佩

郭芹(前排右一)在内蒙古下乡时
Guo Qin (front row, 1st from right) in the countryside of Inner Mongolia
照片提供者:李佩

随着"运动"的发展，被审查的知识分子越来越多。尽管郭永怀因为承担着核试验和重大国防科研的任务而受到特殊保护，但李佩还是没能幸免。1968年，全国开始了"清理阶级队伍"的运动。中国科大党委书记刘达也被关押并接受审查。

10月3日，郭永怀离京去青海基地。不久，李佩因为新中国成立前在中国劳动协会的工作及美国留学的经历而被诬陷为"特务"，受到单位造反派的迫害，被送到劳改队接受审查、劳动。

从此一家三口天各一方。

我们认为较好的学校领导都在造反派控制下，有的送监狱了，有的关牛棚了。我们虽然不了解上面，但觉得好些事情不对。从政策到世道人情，好多事情都不对头。

我后来和刘达是很好的朋友，因为我们受审查，被关押在同一个楼。后来管得比较松时，我们见面时还说几句话。

——李佩

郭永怀在核试验基地写给女儿郭芹的家书
Kuo's letters to his daughter
照片提供者：李佩

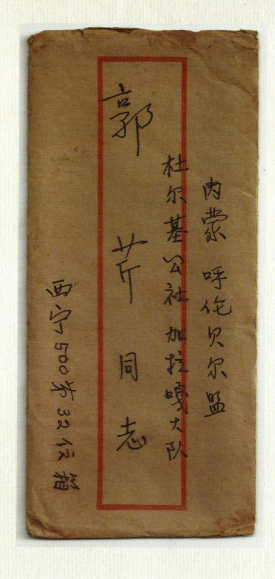

郭永怀写给女儿的最后一封家书
Kuo's last letter to his daughter
照片提供者：李佩

盛放郭永怀牺牲遗物的信封

　　郭永怀离开北京后，一直担心李佩的处境。1968年12月5日，试验准备工作完成后，郭永怀乘飞机返京。当飞机到达北京机场400米上空时，突然失事。在飞机坠落的最后5秒钟里，郭永怀将装有绝密核试验数据的公文包贴在胸口，和警卫员牟方东紧紧抱在一起，在飞机爆炸的大火中壮烈牺牲。公文包中的资料被完好地保存下来了。

　　据国务院工作人员后来回忆，郭永怀飞机失事的消息第一时间传到国务院，周恩来总理失声痛哭，良久不语，随即下令彻查这一事故，并指示《人民日报》发布这一不幸的消息。

　　这一天，离李佩50岁生日仅15天。

郭永怀牺牲后在飞机失事现场找到的遗物
The articles Kuo left after his death in an aircrash
收藏：中国科学院力学研究所

郭永怀的助手顾淑林回忆："我们来到郭所长家里，从神情看出她已经完全知道了发生的事情。她极其镇静，大家见到后几乎没说一句话，屋子里的空气像凝固了一样。晚上我陪李先生睡在同一个房间。整整一夜我的神经紧张到了极点。那一个晚上李先生完全醒着。她躺在床上几乎没有任何动作，极偶然发出轻轻的叹息，克制到令人心痛。"

尽管在烈士光荣纪念证上写着烈士的家属"应当受到社会上的尊敬"，但是"造反派们"并没有放过李佩。丧礼后，李佩回到单位，继续接受不公正的审查，每天还要参加劳动。

她的头上出现了白发，但她坚强地、有尊严地活着。

他每次要回来，大概都事先给我打个电话，告诉我大概什么时候到。可是那天呢，就一直没到，我就很奇怪了。第二天来了好几个人，是力学所和中科院的。我就觉得这事很糟糕了。

——李佩

李佩在20世纪70年代
Li Pei in the 1970s
照片提供者：李佩

郭永怀的光荣纪念证
The martyr certificate of Kuo issued by the government
收藏：中国科学院力学研究所

安庆市委党校
The school in Anqing where Li Pei first stayed
照片提供者：中国科大档案馆

20世纪70年代的中国科大校门
The front gate of USTC (Hefei) in the 1970s
照片提供者：中国科大档案馆

1970年，中国科学技术大学被迁往安徽安庆，被安排在安庆市委党校。没有宿舍，没有实验室。近千人都睡在教室的地板上。在时任安徽省"革委会主任"李德生的安排下，中国科大从安庆迁往合肥，将合肥师范学院作为中国科大的校址。

李佩随中国科学技术大学迁到了安徽合肥。此时，中国科大完全由当时的"军宣队"和"工宣队"控制。大部分师生被送去农场和煤矿。李佩也被送往农场劳动。

"文革"期间，所有外国来信都要经过那些头脑们，我就有这样的经历，不仅要被检查，而且经常不还给我。

——李佩

从农场回到中国科大后,李佩住在集体宿舍,不能回北京看望已经病退回京在家治病的女儿。直到1973年后才被允许在假期时回京探亲。

1974年,中国科大为中国科学院培训出国人员,李佩被调去教授英语。

到"文革"后期,虽然没有人再来审查她,但她的问题一直没有解决。

在这些年里,李佩只有一张1975年回家探亲时和女儿合影的照片。

> 1973年招收工农兵学员,没让我上课堂。那时候我还在受审查,就让我在办公室打字,打教材。
>
> 1974年科学院要为出国人员办英语培训班,就让我去上课。一共办了三年,我教了两年。我这个班上的好几个学生后来做了研究所的所长、科技部部长,还有王志珍,后来当了院士。
>
> ——李佩

李佩与郭芹的合影
Li Pei and Guo Qin
照片提供者:李伟格

1975年,当时的中科院科研组长郁文和彭桓武等科学家到合肥等离子体研究所视察。所长邱励俭(曾是郭永怀的学术助手)请李佩中午到食堂和郁文一起吃饭。郁文了解了李佩的情况,回北京后向中科院提出解决李佩问题的报告。但是,1975年年底,郁文被审查,回北京的事情被耽搁。一年后,李佩的问题才得到解决。

> 邱励俭前一天就把我接过去,说让我有机会见到郁文。郁文看见我很吃惊,问我为什么还在合肥,当他得知我在科大受审查还没有结论后,马上说"这不对头,你该回北京去,我这次回北京之后就和李昌汇报一下,把你调回北京。"
>
> ——李佩

1977年,郁文在科大
Yu Wen visited USTC in Anhui in 1977
照片提供者:中国科大档案馆

邱励俭看望回北京后的李佩
Qiu Lijian, the head of the Institute of Plasma, visited Li Pei in Beijing
照片提供者:李佩

回北京以后，好几个研究所我我给他们办外语培训班。我就在电子所等三个所培训出国人员。

后来知道科大研究生院要成立了，严济慈推荐我去外语教研室。

——李佩

1976年秋，李佩回到北京。经历了失去丈夫的沉重打击，蒙受了八年的冤屈，已近60岁。

她回北京后立刻就开始了工作。

1977年，回北京后的李佩
Li Pei went back to Beijing in 1977
照片提供者：李佩

李佩回京后与家人的合影
Li's family
右起：父李保龄，妹李佩珊，李佩，妹夫袁永厚。
照片提供者：袁和

Joys in Classroom

第五篇

老驥伏櫪 志在千里

1977年9月10日，中国科学院向国务院呈交了"关于招收研究生的请求报告"，提出在北京设立中国科学技术大学研究生院。10月上旬，中央批准了报告。1978年3月1日，中国科学技术大学研究生院在北京成立，首任院长是严济慈。这是新中国成立后设立的第一个研究生院。

李佩在中国科大研究生院和教师们的合影
Li Pei and her colleagues in front of the Graduate School of USTC
照片提供者：中国科大档案馆

1978年北京玉泉路19号中国科学技术大学研究生院校门
The front gate of the Graduate School of USTC
照片提供者：中国科大档案馆

1977年11月，中国科学院关于中国科大研究生院工作全面启动的文件
Document of raising the Graduate School of USTC
照片提供者：中国科大档案馆

中国科大研究生院院长严济慈决定由李佩筹建外语教研室,并任教研室主任。从此,李佩开始了她一生中的一个新的里程。

1978年,李佩、刘达、钱志道和师生在中国科大研究生院的合影
Li Pei, Liu Da, Qian Zhidao and other teachers and students at the Graduate School of USTC in 1978
前排左起:原中国科大党委书记刘达,钱志道教授,李佩。
照片提供者:中国科大档案馆

20世纪70年代末,李佩在家中书房
Li Pei at home in the late 1970s
照片提供者:李佩

我去科学院信访办找申诉的人，看有没有愿意到科大去教英语的。研究生院一位副书记对我说："你怎么尽找我这些'右派''劳改犯'来啊？"
——李佩

新建立的外语教研室只有三位教师，教英语的只有李佩一个。但研究生院第一年已有800多名学生。李佩四处寻找英语教员，将一些在"运动"中受冲击离开大学的教授请到外语教研室来，其中不乏学界才子。李佩四处奔走帮助他们解决生活和待遇问题。这些教员在以后的教学中发挥了很大的作用。

20世纪70年代末，李佩在中国科大研究生院
Li Pei at the Graduate School of USTC in the late 1970s
照片提供者：李佩

李佩还通过各种渠道招聘了一些外籍英语教师。在与外籍教师 Mary 女士的交流中，李佩了解了 TOEFL 考试的情况。她分析了 TOEFL 和 GRE 等试卷，率先改进了国内的英语教学方法。

20世纪70年代末，李佩和钱志道教授在中国科大研究生院接待来访外宾
In the late 1970s, Li Pei and Prof. Qian Zhidao, receiving foreign guests
右一：李佩；左二：钱志道教授。
照片提供者：李佩

20世纪70年代末，李佩在英语教研室的聚会上
In the late 1970s, Li Pei, Mary Van de Water and other teachers at a meeting
前排右一：李佩；右二：外籍教员 Mary Van de Water。
照片提供者：李伟格

1982年6月9日,中国科学院科技翻译工作者协会在人民大会堂成立,李佩与钱三强、钱伟长等成为首届理事会科技界的成员。李佩认为科技翻译与我国经济建设和国防建设关系十分密切,科技翻译这块阵地又比较特殊,不是刚毕业的外语系学生所能胜任的,需要一支既懂外语又懂专业的科技翻译人才队伍。

李佩向时任中国科学院副院长的严济慈、胡启恒建议成立中国科学院科技翻译工作者协会。

经科学院批准,在时任中科院副院长胡启恒、国际合作局副局长崔泰山的支持下,中国科学院科技翻译工作者协会于1986年成立。胡启恒任首届理事会会长,李佩任副会长。

为了让学生能适应国际学术交流,我安排博士生针对自己的科研作英语学术报告,请一些重要的科学家来听,华罗庚等科学家都来过,这些科学家还能在专业上对学生进行提问。

——李佩

20世纪80年代初,李佩(左一)和中科院副院长严济慈(右一)在会议中
Li Pei and Yan Jici (the vice president of Chinese Academy of Sciences) at a meeting
照片提供者:李伟格

20世纪70年代,李佩在中国科大研究生院英语教研室
Li Pei in her teaching office in the Graduate School of USTC in the 1970s
照片提供者:李伟格

为了长久解决研究生院的师资问题,李佩创办了"师资研究生班"。请了国内外最好的教师为这个班授课。由于李佩注重科学知识和外语教学的结合,对课程的设置内容广泛,国外的专家们称李佩开创了应用语言学。

李佩和研究生们在一起
Li Pei and her graduate students on vacation
照片提供者:李伟格

　　我请了美国的语言学专家讲语言学,还有一位讲英美文学的。第二年,我给这个应用语言学师资班安排了用英语讲授物理学等课程。这些学生的质量都很高。

——李佩

1980年年初,李佩在度假中
Li Pei on vacation at the beginning of 1980
照片提供者:李伟格

1979年，为了给中国培养一批物理人才，诺贝尔奖获得者、华裔物理学家李政道教授提议举办"中美联合培养物理类研究生计划"（CUSPEA）项目。该项目实施10年，950多位中国大学里最优秀的物理学学生赴美国一流大学留学。

李佩负责了历届CUSPEA项目英语笔试的出题和评卷工作，并参与了口语面试。由于研究生院出色的英语教学，英文水准证明书中只要有李佩的签名，就会得到美国大学的普遍认可。

1978年，李政道到科大研究生院来看了一些学生，说这些学生都很不错，英语也好。就提出要带一些学生去美国读物理研究生。他可以带，也可以安排去其他美国大学。后来就有了CUSPEA项目。

——李佩

1979年，CUSPEA考试现场
A CUSPEA exam in 1979
照片提供者：中国科大档案馆

CUSPEA项目是政府派遣留学生出国留学,当时国家还不允许学生自费出国留学。

1979年中美正式建交,外籍教员Mary女士向李佩建议可鼓励同学们取得美国大学研究生院的奖学金。在当时的情况下,李佩知道这样做会有风险,于是向时任研究生院副院长彭平请示。彭平对李佩说:"我已经老了,也没有什么怕的,你们就这么办吧。"在院方的默许下,不到一年,近百名同学从美国各大学获得了奖学金并赴美留学。由此,李佩开启了当代中国的"自费留学潮"。而其他大学开始自费留学已经是三年以后了。

1979年,李佩在家中
Li Pei at home in 1979
照片提供者:李佩

李佩和李政道
Li Pei and the Nobel Laureate Z. D. Lee
照片提供者:吴少华

李佩先生组织由(中国科学院力学研究所)科学家组成的翻译队伍活动

Li Pei organizes activities of a translation team of scientists (Institute of Mechanics, Chinese Academy of Sciences)

前排：李佩；后排从左到右：盛宏至,李家春,
　　　陈允明,王克仁,李伟格,吴应湘,马元生,
　　　丁桦。

摄影：马小平

中国科学院科技翻译工作者协会第一届会员代表大会暨翻译研讨会,李佩教授(左三)主持开幕式

Li Pei and Yan Jici (the vice president of the Chinese Academy of Sciences) at the 1st National Conference of the S & T Translation

照片提供者：李伟格

中国科学院科技翻译工作者协会成立后，李佩会同院外单位，组织了十多次全国性的科技翻译讨论会。

30年来，中国科学院科技翻译工作者协会注重专业科技著作的译介和翻译学术著作的出版。其中的《技术与文明》、《钱学森文集》（中英文版）等著作都是在李佩的关注与组织下完成的。

1988年8月，在李佩的积极参与、崔泰山先生的具体支持与促进下，《中国科技翻译》创刊。1993年，在国际译联第13届世界大会（英国布莱顿）上，《中国科技翻译》专刊荣获"1990-1993年度FIT最佳国家级翻译期刊奖"。

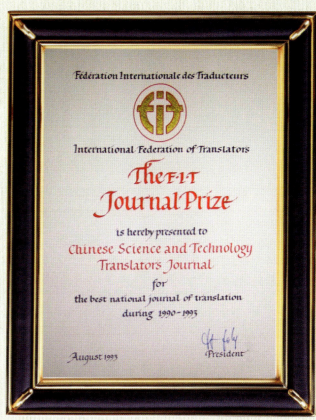

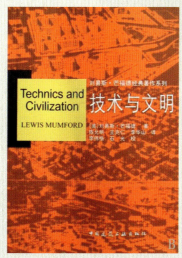

《中国科技翻译》荣获"1990—1993年度FIT最佳国家级翻译期刊奖"证书
Chinese Science & Technology Translators Journal received "The Best National Journal of Translation During 1990-1993" award certificate
照片提供者：中国科学院科技翻译工作者协会

译协编辑出版的会刊《中国科技翻译》1988年8月创刊号封面
The cover of the first issue of *Chinese Science & Technology Translators Journal*
照片提供者：中国科学院科技翻译工作者协会

李佩主持第十三届全国科技翻译工作会议
Li Pei presided over the 13th National Conference on Translation of Science and Technology
照片提供者：李伟格

在中科院的范围内，科技翻译的骨干力量许多是李佩的学生，或受过她的教诲。在中国科学院科技翻译工作者协会成立后，各所成立的分会，很多受到李佩的影响。

中国科学院科技翻译工作者协会委员会工作会议合影
Group photo of Translation of Science and Technology Conference
照片提供者：中国科学院科技翻译工作者协会

20世纪80年代初,李佩(右二)在国外参加学术会议
Li Pei at an overseas academic meeting in the early 1980s
照片提供者:李伟格

因 CUSPEA 项目，李佩于 20 世纪 80 年代出访美国，到各个大学看望留学生，与国外同行交流教学问题。

1984 年，李佩在美国
Li Pei in the USA in 1984
照片提供者：李伟格

1990年，康奈尔大学成立125周年。在北京的康奈尔大学校友聚会庆贺。康奈尔大学代表特来家中看望李佩。

1990年，北京的康奈尔校友在李佩家聚会
The Cornell University alumni at Li Pei's home in 1990
照片提供者：李伟格

在北京的康奈尔校友聚会庆贺康奈尔大学建校125周年
The Cornell University alumni gathered to celebrate the 125th anniversary of the founding of Cornell University
照片提供者：李伟格

1994年，李佩访问美国
Li Pei and Prof. Yan Jiyi visited the USA in 1994
左一：中国科大研究生院时任党委书记颜基义教授。
照片提供者：李佩

1994年，李佩访问美国时和美国友人的合影
Li Pei and her American friends in 1994
照片提供者：李佩

1987年，李佩已到退休年龄，但她依然站在讲台上，直至1999年。其间，数次赴美国参加学术交流。

1994年，女儿郭芹罹患癌症。郭永怀的原工作单位二机部送来了一笔给郭芹治病的款，李佩婉拒了。

之后三年，李佩在照料女儿的同时仍坚持在研究生院上课。她四处奔走为女儿寻医问药，为教学操心，她更累了。

1994年，李佩和郭芹在美国
Li Pei and Guo Qin in the USA in 1994
照片提供者：李伟格

1996年，李佩和郭芹在家中
Li Pei and Guo Qin at home in 1996
照片提供者：李伟格

1996年,女儿因医治无效离她而去。办完女儿的丧事后,她立刻回到了讲台上。

这一年,李佩78岁。

50岁,她失去了丈夫,近80岁,她失去了女儿。数十年来,尽管命运多舛,历经坎坷,她依然孜孜不倦地继续着英语教学和翻译协会的工作。

李佩在研究生院讲课
Li Pei in classroom, Graduate School of USTC
照片提供者:李伟格

李佩的卧室墙上一直放着郭永怀先生的像
On the bedroom's wall was a Y. H. Kuo's photo
摄影:郁百杨

20世纪90年代,李佩在家中
Li Pei at home in the 1990s
照片提供者:李伟格

Retirement

第六篇

明德惟馨　仰之彌高

1998年，李佩80岁生日（在家中）
Li Pei's 80th birthday (at home) in 1998
照片提供者：李伟格

岁月的流逝让中关村的特楼有了一些变化,当年那些科学大师书房里的灯光一盏盏地熄灭了。但是孑然一身的李佩并不孤独,特楼里的笑声和回忆仍在延续。

汪德昭院士夫人李慧年百岁生日时,李佩和老邻居们在汪德昭家聚会
Li Pei and others celebrating the 100th birthday of Li Huinian (an old neighbor)
前排从左至右:郭慕孙院士的夫人桂慧君,杨嘉墀院士的夫人徐斐,李佩,汪德照院士的夫人李慧年,中国科学院地质研究所副所长边雪风的夫人斯季英;后排从右至左:边雪风之子边东子及夫人。

虽然已经离开了教学的讲台，但李佩每月还是会去研究生院参加老教授协会的聚会，讨论教学，并提出建议。

中国科大研究生院老教授协会的部分教授
Professors of the Old Professor Association of Graduate School of USTC
左起：原中国科大无线电系主任、中科院教育局局长王文涛教授，核物理系陆文莲教授，外语教研室主任李佩教授，无线电系赵梅娜教授、左凯教授，数学系罗小沛教授。
照片提供者：李伟格

离休后的李佩,经常受郭永怀生前工作过的单位邀请前往参观。时隔数十年,李佩才真正了解了丈夫生前所做的那些重要工作。

永怀亭是为纪念郭永怀创建中国空气动力研究院及他对国防科研的杰出贡献而建的。"永怀亭"三字由原国防部长张爱萍上将题写。

李佩参观郭永怀创建的中国空气动力研究院
Li Pei visited the Chinese Institute of Aerodynamics founded by Y. H. Kuo
照片提供者:李伟格

中国工程物理研究院的前身为二机部第九研究院,承担我国核武器的研制,郭永怀曾担任该院副院长直至牺牲。

李佩在工程物理研究院展厅的郭永怀塑像前
Li Pei in front of the statue of Y. H. Kuo in the exhibition hall of the Institute of Engineering Physics
照片提供者:李伟格

李佩与中国科大老教授及力学所科研人员参观某航天基地
Li Pei and others visited an astronautic base
照片提供者:李伟格

李佩与中国科大研究生院及力学所科研人员在某卫星基地参观
Li Pei and others visited a satellite base
照片提供者：李伟格

李佩主持中关村专家讲坛
Li Pei presided over a session of Zhongguancun Expert Forum
照片提供者：李伟格

李佩离休后，办起了每周一次的"中关村专家讲坛"。其内容涵盖时事政治、古代文学、文化艺术、科普、健康、社会科学与法律等众多领域。前来演讲的人有中科院院士、研究所所长、著名教授、人文学者等。每次讲座结束，李佩都会做一个总结发言。这些高质量的讲座不仅吸引了离退休老人，中关村的年轻人亦纷至沓来。

李佩主持中关村专家讲坛知识讲座
Li Pei presided over a lecture of Zhongguancun Expert Forum
照片提供者：李伟格

我的理想就是希望自己注意健康，过好每一天的生活，尽可能为大家多做一点事。我没有崇高的理想，太高的理想我做不到，我只能帮助周围的朋友们，让他们生活得更好一些。
——李佩

她和郭慕孙院士的夫人桂慧君等女学者组织了"中关村老年互助服务中心"。除了为退休学者举办医疗保健讲座和提供咨询或义诊以外,还成立了英语班、中老年电脑学习班、老年合唱团、老年手工制作、古琴学习班,举办各种展览,展示老年人的艺术和科技作品。在她的带动下,中关村社区的离退休学者们有了丰富多彩的文化生活。

20世纪90年代末的李佩
Li Pei in the late 1990s
照片提供者:李伟格

中关村英语班的师生合影
Teachers and students of the Zhongguancun English Class
前排左起：王美英教授，桂湘云研究员，桂慧君，李佩教授，李景锡教授，刘金玲；二排左起：白蓉裳，潘怡航，赵梅娜教授，丁莹。
照片提供者：李伟格

李佩参观八一电影制片厂
Li Pei visited August First Film Studio
右四：王晓棠。
照片提供者：李伟格

中科院力学所在纪念郭永怀牺牲20周年时为郭永怀建了塑像，李佩将郭永怀和警卫员牟方东的骨灰安放在塑像的下面。从此，瞻仰郭永怀塑像成了力学所举办重要活动时必不可少的一个项目。

> 我把郭永怀的骨灰盒给挪到力学所，原来在八宝山一个室里头有他一个地方。把那个小牟的骨灰，就搁在另外一个地方。那个时候他的学生已经给他搞了一个塑像，我说就在这个塑像的下面给他挖一个穴，把小牟的也搁在一块，因为小牟也是因为跟着他，所以才牺牲的。
>
> ——李佩

李佩在力学研究所的郭永怀塑像前
Li Pei in front of the statue of Y. H. Kuo in the Institute of Mechanics

力学所20世纪60年代的研究生和导师在郭永怀塑像前的合影
A group photo of graduates and their tutors of 1960s in front of the statue of Y. H. Kuo in the Institute of Mechanics

塑像左，左起：朱芙英、吴观乐、徐建中、吴峰、李家春、陈允明、马重芳、王克仁、皮德宝；塑像右，左起：段祝平、刘大有、杨春江、孙菽芬、白以龙、何林、丁雁生、张双寅；前排左起：吴承康、黄兰洁、纪家驹、卞荫贵、杨玉华、李佩、李敏华、郑哲敏。
照片提供者：李伟格

1999年9月18日，中共中央、中央军委、国务院在人民大会堂举行隆重仪式，为23位在"两弹一星"研制工作中做出巨大贡献的元勋授勋。郭永怀是23位元勋中的唯一一位烈士，此时，距郭永怀教授牺牲已31年。

> 我参加了颁奖会，台上坐的是健在的元勋们。已经去世的这些人的家属，也都请了，我们坐在台下。后来他们也把奖章送到我们家来了。
> ——李佩

郭永怀的"两弹一星"功勋奖章
The Medal for Distinguished Contributions in the Development of Nuclear Bomb, Missile and Satellite, which was awarded to Y. H. Kuo

　　2003年，李佩对来看望她的学生周德进（时任中科院京区党委副书记）提出：将郭永怀教授的"两弹一星"功勋奖章捐赠给中国科大。此时，中科院党组副书记郭传杰即将赴中国科大任党委书记。在郭传杰的安排下，中国科大在2003年9月20日建校45周年校庆纪念日安排了隆重的捐赠仪式。

　　2008年春，李佩将她和郭永怀的毕生积蓄60万元分别捐赠给中科院力学所和中国科大。中国科大和中科院力学所都为此设立了郭永怀奖学金。

2003年9月20日，李佩在中国科大郭永怀"两弹一星"勋章捐赠仪式上
Li Pei at the ceremony of donation of Kuo's Medal to the USTC on 20th September, 2003
右起：时任中国科大党委书记郭传杰，李佩，时任中国科大校长朱清时院士。
照片提供者：中国科大档案馆

2008年,李佩为捐款协议签字
Li Pei signed the donation agreement in 2008
照片提供者:郁百杨

李佩捐款的支票
Check of donation that Li Pei wrote
照片提供者:郁百杨

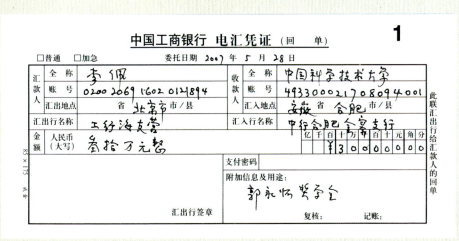

老郭的"两弹一星"元勋奖章,我一直想捐出去,到底捐给什么地方有点纪念意义呢?这种奖章无非是起点教育作用,我想力学所已经有了钱学森手稿的原件。其他博物馆也有很多人捐。国家表彰的两弹元勋中有好多跟科大有关,我不知道他们怎么处理?我想捐给科大比较合适,毕竟这些得奖的人都是当年科大的系主任和教授。

——李佩

2010年，李佩和郑哲敏院士组织了"钱学森科学和教育思想研究会"，不定期邀请社会著名专家来作报告。这个每周三在力学所举行的研讨会一直由李佩主持，并延续至今。

李佩和座谈会的科学家们在一起
Li Pei and scientists participating in the seminar
前排右起：李家春（院士），陈耀松（教授），郑哲敏（三院院士、国家最高科技奖获得者），李佩（教授），朱照宣（教授），张瑞云（教授），王美英（教授），谈庆明（研究员、博导），李毓昌（离休副教授）；后排右起：石振平（高工），马维博士，李伟格秘书长（副研究员），颜基义（教授），金和（编审），蔡德诚（教授级高工），武际可（教授），陈允明（研究员、博导），刘大有（研究员），王克仁（研究员）。
照片提供者：李伟格

钱学森科学和教育思想研究会成员与李佩先生合影

前排（从左到右）：熊卫民，李伟格，李佩，张瑞云，马维；中间（从左到右）：金和，谈庆明，郑哲敏，王美英；后排（从左到右）：刘大有，蔡德诚，朱照宣，王克仁，武际可，周立伟，华光，陈耀松。

照片提供者：李伟格

李佩在中国科学院、中国科学院力学研究所、中国科大等单位为她举办的90岁生日活动上

Li Pei at her 90th birthday party

照片提供者：李伟格

钱学森80岁生日时,李佩和钱学森夫妇在傅承义院士家相聚
H. S. Tsien's 80th birthday
左起:李佩,傅承义,钱学森,蒋英。
照片提供者:李伟格

李佩看望林家翘
Li Pei visited Lin Jiaqiao
摄影：马维

李佩和何泽慧院士（钱三强院士夫人）
Li Pei and He Zehui
摄影：李伟格

李佩看望原科大党委书记郁文
Li Pei visited Yu Wen
照片提供者：李伟格

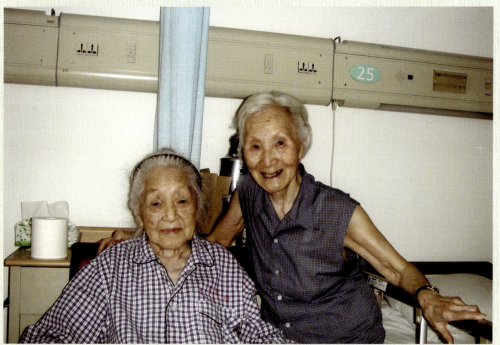

2012年，在时任中国科协党组书记，现中共中央组织部常务副部长陈希的指导和关注下，中国科大师生根据郭永怀和李佩的故事创作了音乐剧《爱在天际》。

陈希（左四）看望李佩
Chen Xi (4th from the left) visited Li Pei
摄影：马维

2013年，音乐剧《爱在天际》在北京演出，李佩亲临演出现场，全场观众起立鼓掌向李佩先生致意。

中国科大博士生周翕代表剧组向李佩先生献花
Zhou Xi, the actress portraying Li Pei in the musical drama, presented a bouquet to Li Pei
照片提供者：郁百杨

《爱在天际》在人民大会堂演出剧照
In 2013 the musical drama *Love in Heaven* was performed in the Great Hall of the People
摄影：王世睿

摄影：卢家兴

照片提供者:王志珍

摄影：郁百杨

2007年,李佩在家中
Li Pei at home in 2007
摄影:郁百杨

郭永怀先生小传

勤奋攻读的穷学生

1909年，郭永怀出生在胶东半岛荣成县的一个海边小村——西滩郭家村。父亲务农，家境贫寒。郭永怀自幼就帮着家里拾柴火、放牛、赶"小海"。他的叔叔是个秀才，看到郭永怀从小好学，就把他带到自己的私塾里去念书。村子里没有高小，读完私塾后，郭永怀考取了离家45里远的石岛镇明德小学。勤奋刻苦使他在班上崭露头角，并以优秀的成绩毕了业。接着，郭永怀考取了青岛大学附中公费生，成了村子里的第一个中学生。

1929年盛夏，贫穷的郭永怀孤身一人来到天津。他以优异的成绩考上南开大学预科理工班公费生。当时，学校里有一些学生嫌郭永怀"土气"，不屑于与他为伍，郭永怀则一头扎进了知识的海洋，并且找到三五个志同道合的"寒门子弟"，在一起组织了一个新颖的读书会——"微社"。他们平时相互切磋砥砺，星期日聚会，报告交流学习心得，数年如一日，从未间断。微社的同伴后来多数成了学者名流，其中有数学家胡世华、经济学家陈振汉等。他们把郭永怀视为忠厚长者，对他的人品学问十分佩服。

1931年，郭永怀转入本科，决心攻读物理学。南开大学当时没有物理系，他打听到电机系有一位物理学教授叫顾静薇，就投到她的门下，成了她唯一的物理专业的学生。顾先生非常赏识这位好学不倦的学生，为他单独开课。

当时，在北京大学物理系有位著名的光学专家饶毓泰教授，他曾在南开任教。顾先生认为，郭永怀应该到他那儿深造。1933年，这位渴求知识的青年得到了北京大学物理系的奖学金。从此，他在名师指点下，学业上更加突飞猛进。两年之后，他成了饶先生的研究生，饶先生也为有这样一个在数学、物理上造诣颇深的学生和助手而感到高兴。

抗日战争开始之后，1938年郭永怀随校迁往昆明西南联大。这时他的兴趣从光学转向力学。当时，他借住在昆明的昆华中学高中部。一个小小的四合院里真可谓人才济济，其中有后来成为知名学者的钱伟长、林家翘、段学复、汪德熙等人。1939年仲夏，传来招收中英庚款留学生的消息，小院子里一时沸腾了，多数人跃跃欲试。饶毓泰教授极力推荐郭永怀应试。原先，考试委员会只准备招收1名力学专业研究生，郭永怀与钱伟长、林家翘一同应试，结果考分相同，最终3人全部被录取。1940年9月郭永怀出国，开始了留学生涯。

在跨声速领域取得重大成就

1940年9月,郭永怀同钱伟长、林家翘一道远涉重洋,来到加拿大多伦多大学(University of Toronto)求学。他们在该校应用数学系知名教授、力学家辛吉(J. L. Synge)的亲自指导下进行学习。半年之后,他们都取得了出色的成绩。该校一些优秀的学生与他们相比,也相形见绌。辛吉教授赞叹说:"想不到中国有这样出色的人才,他们是我一生中很少遇到的优秀青年学者!"郭永怀在加拿大不到一年,就完成了《可压缩黏性流体在直管中的流动》这篇具有独特见解的论文,获得了硕士学位。接着,他向辛吉教授表示要研究一个更难的题目:可压缩流体跨声速流动的不连续问题。辛吉回答说:"可以做,但是很不容易啊!"由于导师对此也不甚熟悉,郭永怀决心求教于当代航空大师——冯·卡门(Theodore von Kármán)。

1941年5月,郭永怀来到美国加州理工学院所在地——帕萨迪那(Pasadena, Calif.)。那里有一大批世界上最优秀的流体力学和空气动力学专家聚集在卡门身边,有装备最为先进的古根汉姆航空实验室(GALCIT),这对于立志投身航空工业的郭永怀来说,实在是一个难得的优良环境。他向卡门陈述了自己想攻跨声速难题的想法,不料正中卡门的下怀。这位性格热情的大师对站在他面前的腼腆的青年学者十分喜爱。原来,他自己和他的同事也在探索这个棘手的难题呢!

20世纪40年代初期,国外航空工业蓬勃发展,已具有相当高的水平。其标志之一就是飞行速度不断提高,达到每小时700公里。可是,当人们尝试进行跨声速飞行时,也就是飞行速度接近声音在空气中的传播速度(约每小时1200公里)时,却遇到了极大的困难。飞机一达到这种速度,驾驶员就感觉到一系列蹊跷的现象:飞机受到的阻力剧增,支撑飞行的升力骤降,舵面失灵,头重尾轻,甚至机翼、机身发生强烈振动。这一切像一堵高墙,阻挡了航空工业发展的道路,人们称它为"声障"。多少勇敢的飞行员试图逾越这一障碍,可结果都是机毁人亡,以失败告终。难道"声障"果真是不可逾越的吗?这是摆在当时力学家和航空工程师面前的一个严重问题。

可是,要在理论上解决这个问题绝不是轻而易举的事情。这是一个难题,根本没有现成的方法可以遵循。凭着郭永怀的才识完全可以避开这个难题,另走一条平坦大道,博士学位唾手可得。但是,为了科学的发展,他偏偏选择了这条荆棘丛生的崎岖小道。冯·卡门非常钦佩这个中国青年的无畏精神,他逢人便讲:"郭正在做一个最难的课题,你们不要用零碎事情去打扰他。"

从此，郭永怀开始了最艰苦的研究工作。

历经困难、挫折和失败，通过 4 年多时间的辛勤劳动，郭永怀终于在跨声速流动的研究上取得重大成果。1945 年，他以坚强的毅力完成了有关跨声速流动不连续解的出色论文，获得了博士学位。

郭永怀在跨声速领域里的学术成就获得了世界公认。值得指出的是：他和钱学森一起提出了上临界马赫数[①]的概念。这是一项重大发现，为解决跨声速飞行的工程问题提供了理论基础。由于科学家和工程师的共同努力，人类终于在 1948 年突破了"声障"，跨声速飞行获得了成功。郭永怀的研究成果在其中起了重大作用。

在应用数学方面做出重大贡献

1946 年，由于郭永怀在空气动力学研究方面做出了突出贡献，在康奈尔大学（University of Cornell）主持航空研究生院的西尔斯（W. R. Sears）教授决定聘请郭永怀前去任教。9 月间，郭永怀来到美国东部风景秀丽的城市伊萨卡（Ithaca, N. Y.）。在那里，他度过了十个春秋，主要从事黏性流体力学研究。

郭永怀在老师、哥廷根应用力学学派的传人冯·卡门的影响下，继承优良的科学传统，以科学和工程融合的态度从事研究工作。由于他擅长数学分析，因而能高屋建瓴，洞察复杂的数学方程的本质，准确无误地估计各物理量的数值关系，驾轻就熟地获得简洁、优美、合用的数学结果。在求解跨声速问题时，就是他在函数论方面的高深造诣，使他比别人处于有利地位，克服了速度图法（Hodograph）[②]中的难点，捷足先登。当时，在康奈尔大学航空研究生院主要由西尔斯、郭永怀、康脱洛维支（A. Kantrowitz）三人主持教学和研究工作，他们的学术风格和专长各有千秋，但遇到数学上的疑难问题，往往是郭永怀去解决。

郭永怀于 1953 年发表了《在中等雷诺数下绕平板的不可压缩黏性流动》，提出了准确描述平板前缘流场的新结果。之后，他再接再厉，用这一方法解决了有关的激波－边界层相互作用问题，于 1956 年发表了这一成果。目前这两篇文献已经成为奇异摄动理论的经典著作。1956 年，钱学森在综述这一有普遍意义的数学方法时，为了纪念对此做出贡献的开创者，把它命名为 PLK 方法，即庞加莱－莱特希尔－郭永怀方法。

---

① 马赫数——流速与声速的比值。
② 速度图法——将微分方程的因变量、自变量互换，使非线性方程变成线性方程的数学方法。

郭永怀在力学和应用数学上的一系列成就使他又一次驰名世界。英国的莱特希尔教授、日本的谷一郎教授相继邀请他前去讲学。遗憾的是,他们的这一愿望始终未能实现。

郭永怀在栖身国外的日子里,深切怀念着处在水深火热中的祖国。

新中国成立前夕,康奈尔大学校园内出现了一个进步组织——中国科学工作者协会美国分会,他欣然参加,而且有会必到,还经常把朋友们邀请到家里,热烈地讨论祖国的命运和未来。1949年10月1日新中国诞生了,回国探亲后的夫人李佩给他带回了祖国经历历史性巨变的佳音。他俩恨不得立即飞回祖国,参加建设。可是,当时中美关系正蒙着一层阴影,回国阻力重重。

1953年,应钱学森邀请,郭永怀利用休假回到帕萨迪那。那时,钱学森情绪很差,美国政府因不准许他回归祖国而限制了他的人身自由,他满腔怒火,心情激动,向多年的知己倾诉衷情。其实郭永怀的心情也是一样,但他克制地规劝好友说:"不能心急,也许要到1960年美国总统选举后,形势才能转化,我们才能回国。"他们握手相约,只要一有机会就立即回国。

1955年,周恩来总理在日内瓦经过外交上的斗争,赢得了胜利,钱学森归国了,郭永怀更是归心似箭。1956年11月,郭永怀毅然放弃了在美国已经获得的荣誉、地位和优裕的工作、生活条件,回到了阔别多年的祖国。

开拓我国的力学事业

郭永怀回国后不久,就与钱学森一起承担刚成立不久的力学研究所的学术领导工作。当时,我国力学科学事业处在极其落后的状态,旧中国遗留下来的是一支小小的理论队伍和陈旧不堪的少量设备、仪器,许多学科是完全空白的。郭永怀同力学界专家们一起运筹帷幄,认真研究了近代力学的发展方向,开拓了一些有重要意义的新兴领域,制订了学科发展规划,提出了开展力学研究的正确途径,使得我国力学界的面貌大为改观,在短短的几年内,某些方面已接近世界水平。

1957年,郭永怀经过精心准备,在力学研究所作了《现代空气动力学研究》的报告,运用他丰富的学识提出了国内空气动力学(特别是高超声速空气动力学)的发展方向,发表了许多深刻的见解。1958年春,他和力学研究所所长钱学森、党委书记杨刚毅泛舟昆明湖,给力学研究所制定了为"上天、入地、下海"服务的发展方向,提出了要填补原有空白,大力进行空间技术、高速空气动力学、爆炸力学和高速水动力学的研究,对力学研究所日后的发展产生了重大影响。

20世纪50年代，人类进入了空间技术时代，一些发达国家积极开展巨型导弹与火箭、人造卫星的研制。这时飞行器的速度已经接近或达到摆脱地球重力所必需的第一宇宙速度，于是，高超速空气动力学自然地成了力学研究的前沿阵地。郭永怀毫不迟疑地从理论研究和实验研究两方面组织队伍开展工作。他将北京地区的力学研究队伍组织起来，成立了一个高超声速气体动力学讨论班，进行理论的探索和研究。由于郭永怀的出色组织和指导工作，他们在高超声速气体流动力学的理论研究方面取得了丰富的成果。

在高超声速领域里，飞行器周围空气的强烈压缩和摩擦，造成了几千摄氏度的高温环境，普通材料制成的飞行器必定会烧熔成一堆废物，因此，"热障"就像当年的"声障"一样，成为力学工作者和工程师们必须逾越的障碍。郭永怀很早就认识到，必须在飞行器表面涂上防热材料（即烧蚀材料），并且坚定地认为，在做理论研究的同时，必须大力开展烧蚀材料的实验研究。在国际上技术保密的状况下，国内必须因陋就简、自力更生地开展工作。20世纪60年代初期，力学研究所进行了上百次大型实验；在随后的动乱岁月里，力学研究所和有关单位的同志们按照郭永怀的想法继续进行实验和理论研究，在极其困难的条件下摸索出了行之有效的防热途径。我国洲际导弹的试制成功和人造卫星的返回，标志着我国科学工作者在克服"热障"方面迈出了可喜的一步，而这里面就凝聚有郭永怀的一份心血。

郭永怀在从事高超声速课题的理论研究和分析计算的同时，对实验研究也十分重视。他认为，搞实验要符合中国的国情，决不能贪大求洋。在郭永怀的指导下，科研人员研究起激波管、激波风洞，代替大型风洞进行实验研究。他十年如一日，大力抓这两项实验设备的建设和测试工作，并建立两个研究组，在他的指导下这两个组分别承担这两个项目的研究工作。至今，这两个组已发展成一个研究室，为基础研究和国防任务提供了大量可靠的数据，为我国气动实验基地建设同类大型实验设备摸索了途径，更为重要的是培养了一批既懂实验技术又会理论分析的人才。

爆炸力学这个迅速发展的新学科也曾经引起郭永怀的极大关注。20世纪50年代末期，他就亲自过问，组织起一支研究队伍。翻开他的记事本可以看到，爆炸力学的各项任务课题始终占着重要地位。他时刻牵挂着长江三峡水电站、成昆铁路以及大型国防工程建设。在完成任务的过程中，他经常语重心长地对大家说："我们不能单纯地完成一项项具体任务，还要从中找出规律性的东西，这样才能有所发展，有所前进。"他给大家选定爆炸物理学方面的参考书，要求年轻人一定要读懂、读通。在他的关怀下，在当时还很年轻的室主任郑哲敏的率领下，爆炸力学研究室迅速地成长了起来。这个研究室多年来进行了成百上千次实验，完成了爆炸成型、定向爆破、穿甲破甲等方面的许多重要任务，多次获奖,为社会主义建设做出了积极贡献,并在爆炸相似律、空化理论、流体弹塑性模型等方面为爆炸力学这门新兴学科充实了内容。

电磁流体力学是20世纪40年代以来出现的新兴学科,主要研究导电流体在磁场中的运动规律。电磁流体力学原来是天体物理学气体放电方面的研究领域,50年代以来,由于能源危机迫在眉睫,也由于高速流动中的电力现象的出现,这一学科引起了更多方面的关注。郭永怀抓住这一苗头,在力学研究所亲自策划组织了电磁流体力学研究组(后来发展成一个研究室)。他以科学家的远见卓识,为这个组选定了三个重要的研究课题:磁流体和等离子体稳定性、磁流体直接发电、同位素的电磁分离。在郭永怀的鼓励和指导下,这个研究组的同志们做出了一批成果,写出了一批专著和论文,有关等离子体稳定性的一些工作还受到了国内外有关方面的重视。这支队伍成了我国电磁流体和等离子体研究的中坚力量之一。

为研制核武器奋斗

1980年1月,钱学森在《郭永怀文集》后记中写道:"郭永怀同志归国后奋力工作,是中国科学院力学研究所的主要学术领导人;他做的比我要多得多。但这还不是他的全部工作,1957年年初,有关方面问我谁是承担核武器爆炸力学最合适的人,我毫不迟疑地推荐郭永怀同志。郭永怀同志对发展我国核武器是有很大贡献的。"事实确实如此。郭永怀认为,"千里之行,始于足下",必须首先组织起精悍的研究队伍,让大家充分掌握必需的基础科学知识。他和大家一起制订了近期、远期规划和研究措施。对于飞行力学、流体力学和环境科学等方面的问题,他给大家进行了细致入微的指导,并亲执教鞭,给大家讲授爆轰学这门涉及流体力学、固体力学、高温物理学和化学的边缘学科。他事必躬亲,不仅为大家安排了各种研究课题,而且自己动手做了大量的计算工作,解决了核武器研制中许多重大的疑难问题。为了攻克科学和工程技术难关,他亲自参加和主持各种技术委员会、研究班、讨论会,以他渊博的知识提出了很多极有价值的意见和建议,为我国核武器研究做出了积极的贡献。由于他和同志们的共同努力,我国核武器的水平在短时期内迅速接近世界水平。1964年10月16日,当我国上空冉冉升起第一朵蘑菇云时,他正在现场附近,其激动的心情是可以想象的。此后,他更加兢兢业业地投入新的战斗。除了参与核武器研制工作之外,他还对火箭发动机、超低空导弹、反导弹武器的研制和第一颗人造卫星的设计做出了重要贡献。

辛勤培养力学人才

郭永怀深深地懂得，要使我国的科学事业兴旺发达，光有少数老专家是不行的，必须不断地培养成千上万的后继者。因此，他把培养年轻一代的力学工作者视为自己的神圣职责。他常把自己比喻为"一颗铺路石子"，让年轻人从他身上踩过去。他为培养下一代无私地贡献了自己的一切。

回国后不久，他就与周培源、钱学森、钱伟长等一起，规划了全国高等学校力学专业的设置，组织领导了全国三届力学研究班。郭永怀亲自指导的八位研究生中，有三位成为中国科学院院士。

1958年春，他和钱学森一起提议：为培养我国未来的航天科研人员，成立星际航行学院。此提议后来经中国科学院报经中央批准后，决定成立涵盖各重要学科和边缘科学研究的中国科学技术大学。郭永怀担任中国科学技术大学化学物理系主任，为该系的创立操劳筹划；同时，他还在该校的近代力学系开课，讲授边界层理论；他亲自带研究生，培养助手，指导一批青年搞研究工作。他循循善诱，诲人不倦，以渊博的学识和出色的指导艺术，以他的全部热情和关怀，为祖国造就了一大批优秀人才。

1962年夏，郭永怀开始为在中国科大开讲"边界层理论"紧张备课，同助手们一起编写讲义。他几次放弃休假疗养的机会，坚持与助手们一起紧张工作，经过几个月的时间，终于编出了第一流的《边界层理论讲义》。它篇幅不大，内容精辟，是郭永怀留给我们的宝贵遗产。由于他有着丰富的研究工作经验，见解深邃，因此讲课别具一格，使学生们不仅知其然，而且知其所以然，许多人事隔多年依然记忆犹新。

郭永怀不苟言笑，但对青年一代总是寄予深情，和蔼可亲。他对于所安排的头绪众多的课题，心里有一本"明细账"。青年研究人员经常会收到他写来的纸条，上面是他那刚健的手迹，往往写的是几篇可供参考的文献；有时，他亲自把书籍、文献送到青年人手里；有时，他突然跑来与大家讨论，用他考虑到的一个更好的想法来解答上次提出的问题；对于青年同志写的研究报告，他都要反复推敲，仔细修改。为了业务工作，大家可以随时去叩他的门，而他总会放下手头的工作，与来人热情地讨论。郭永怀就像一个辛勤的园丁，为培养年轻一代的力学工作者付出了巨大的心血。

治学严谨　勤奋终生

肩负着发展我国近代力学和尖端科学事业的重任，郭永怀始终有一种紧迫感。因此,他总是不知疲倦地工作着。他的工作日程表永远是排得满满的,力学研究所和有关单位的业务问题,事无巨细,他都要亲自过问;大批文件和科研报告需要他处理。他从不午休,晚上经常工作到深夜;他没有节假日,不是照样到所里上班,就是在家里埋头书案,博览群书。正因为他无休无止地追求着新的知识,所以对国际上近代力学和尖端技术发展的新动向总是了如指掌,对各种复杂的课题总能做具体入微的指导。在国外,他有过一些业余爱好,喜欢集邮,对于音乐有很高的鉴赏力,回国后,由于工作繁忙,就很难得有时间去过问他珍藏的邮集或欣赏优美的乐曲了。

在学术问题上,郭永怀以严谨著称,从不容许含糊其辞、模棱两可,更不容许草率从事、滥竽充数。他毕生发表的科学论文为数不多,但每篇都有一定的分量和价值;在发表之前,他总要反复核实,斟字酌句,非常慎重。回国以后,为了教学的需要,也为了系统介绍国外流体力学的经典著作,他亲自动手翻译普朗特著的《流体力学概论》(1952年版),他给自己提出了信、达、雅的高要求;为了使译著准确流畅,他反复对照了德文原版和英文译本,和有关同志商讨了数十次;对原书疏漏之处,他还加上了注释。这样,前后历时8年,直至他牺牲后此书才正式出版。这本高水平的译著出版之后,连续印刷两次,畅销海内外,得到了各方面的好评。在指导科研工作的过程中,他要求制订工作计划时必须有指标、有进度,而且切实可行,如果空洞无物或言过其实就要退回重新制订;对于学术报告,他要求论点鲜明,论据充足,在一定条件下给出肯定或否定的结论;学术讨论中,他绝不放过一个细微的错误。有一次一个青年同志在报告工作时,需要画一条湍流情形下的速度分布曲线,就随便画了一条。郭永怀立即指出,它不能反映湍流的特点,要这位青年同志纠正过来。

他生前兼任《力学学报》主编,审稿时严格把关,不分亲疏,也不看投稿人"来头"大小,一律秉公办理。有一次大家对力学界一位权威的来稿发生了分歧,审稿者提出了肯定的意见,有一位青年人却提出了尖锐的批评。为此郭永怀特意组织了一次学术讨论会,倾听各方面的意见,结果发现基本方程有误,郭永怀就坚决支持了这位素不相识的"小人物"的意见。1963年,《力学学报》编辑部接到一封对一篇论文持有歧见的批评信,而论文作者是在郭永怀指导下工作的两位青年。郭永怀仔细地看了来信,并让两位作者认真考虑别人的观点,给予答复。他说:"我主张发表论文,就是为了进行学术交流,以期引起讨论。别人的批评意见,只能使我们对问题有更深刻的认识。"

郭永怀坚持实事求是,从不人云亦云,一旦发现真理不在自己这一边,就能及时修正错误。郭永怀对人严格,一丝不苟,但却平易近人。有时,即使他的意见是正确的,但客观上难以实现,他也会及时收回。他曾不止一次地对青年们说:"我给你们提的建议看法仅供你们参考,不一定按我的办法做,一切要经过实践的检验。"正因为他实事求是,坚持真理,虚怀若谷,不以势压人,所以他在人们心目中的威望更高了。

1965年,郭永怀曾经讲过:"我作为一个中国人,特别是革命队伍中的一员,衷心希望我们这样一个大国早日实现四个现代化,早日建成繁荣富强的社会主义国家,来鼓舞全世界革命的人民。"他为实现这个宏伟的目标献出了自己的一切。

1968年12月5日,郭永怀从核试验基地返回北京,飞机在北京机场着陆时失事。临危时,郭永怀将装有重要资料的公文包贴在胸口,与警卫员牟方东紧紧抱在一起。飞机坠毁后,救援人员在他们烧焦的遗体间发现了保存完好的公文包。同年12月25日,郭永怀被授予"烈士"称号。

1999年9月18日,郭永怀被追授"两弹一星"功勋奖章。

李家春
中国科学院院士
中国科学院力学研究所研究员
博士生导师

戴世强
上海大学终身教授
博士生导师
复旦大学兼职教授
中国力学学会第八届理事会副理事长

参考资料

[1] 中国科学技术大学口述校史项目组.《口述校史》李佩访谈录音. 2007.

[2] 刘志峰, 张苏. 美丽人生: 李佩先生专访. 庆祝校庆45周年特刊. [2003-09-28]. http://alumni.ustc.edu.cn/view_notice.php?msg_id=539.

[3] 李佩: 呕心育桃李 晚霞映满天. 中国科学院网. [2005-3-29]. http://www.cas.cn/zt/jzt/djzt/zkybcgcdyxjxjyzt/cdls/200503/t20050329_2669722.shtml.

[4] 王丹红. 李佩: 98岁的郭永怀夫人和她的国.

[5] 王丹红. 李佩是科学院的玫瑰, 但她比玫瑰还要美丽. [2011-03-31]. http://blog.sciencenet.cn/blog-51886-428477.html.

[6] 李家春. 高山仰止 大爱无疆: 我们心目中的郭永怀和李佩先生. 北京: 科学出版社, 2013.

[7] 戴世强. 老科学家的婚姻爱情(6): 郭永怀的故事. [2010-09-18]. http://blog.sciencenet.cn/u/sqdai

[8] 李成智. 郭永怀生平和他的科学贡献. 1988.

[9] 两弹元勋郭永怀遭遇空难 焦尸紧抱核武数据. 凤凰网/历史. [2010-12-15]. http://news.ifeng.com/history/phtv/wdzgx/detail_2010_12/15/3519880_0.shtml.

[10] 郁百杨. 李佩教授的访谈. 2012-08.

[11] 郁百杨. 谈庆明研究员的访谈. 2012-08.

跋

郭永怀和李佩两位先生都是中国科学技术大学的教授。郭永怀教授是中国科学技术大学的创建者之一，1958年建校后，郭永怀教授出任化学物理系首任系主任。李佩先生于1960年调入中国科大外语教研室任教，1987年退休后仍继续教学，直至80岁方离开讲台，她在中国科大从事英语教学近四十年。

1977年11月中国科大研究生院在北京成立，学校邀请李佩先生组建研究生院外语教研室，并任教研室主任。研究生院第一届学生有600多名，而外语教研室只有三位刚毕业的大学生和先生。先生以饱满的工作热情，在很短的时间内，从各地招来外语教学专家，并开办了应用语言学研究生班，改革英语教学，在短时间内培养了大批外语人才。

1979年起，先生与外语教研室的外籍教师一起帮助中国科大研究生院研究生赴美国留学。1980年，她参与美国哥伦比亚大学教授李政道创立的中美联合招考物理研究生项目（CUSPEA），8年间帮助数百位优秀物理学生赴美留学。

先生今年已经99岁，一个世纪来，她命运多舛，屡遭不幸。但她数十年如一日，对教育事业矢志不渝，致力人才培养和科学传播普及。先生常常说："一个科学工作者要做人，做事，然后才能做学问。"她深受同学们爱戴，这不仅仅是因为她有特色的教学方法，更是因为她对待每一位同学的耐心和爱心。例如，在课堂上，先生总是循循善诱，细心引导，当有同学回答不出问题时，她会用各种形式启发鼓励，直至同学能解答出问题。同学们的作业本上，常常有她书写的大段细致解释和评语。无论有多么劳累，受到多少挫折，站在讲台上的她永远是神采奕奕、和蔼可亲的。国家困难时期，她和郭永怀先生经常用家中的粮票和钱物接济学生，在很多中国科大学生心目中，李佩先生是既是良师，又是益友，亦是慈母。

1999年，先生离开讲台后，仍心系中国科大，始终把自己当成中国科大人。先生赞同中国科大坚持特色、培养精英的办学理念；关心中国科大学生培养，常常对前去看望她的中国科大领导和老师们提出很好的教学建议，为中国科大发展做出了重要贡献。

2003年,李佩先生将郭永怀先生的"两弹一星"功勋奖章捐赠给中国科大。2008年,又将她和郭永怀先生的毕生积蓄悉数捐赠给中国科大和中国科学院力学研究所。郭永怀和李佩两位先生是中国科大人的楷模,他们的大爱、大德是科大最宝贵的精神财富。

祝愿中国科大教授李佩先生健康、长寿!

中国科学技术大学校长
中国科学院院士

致　谢

《佩瑜怀瑾　纨质蕙心》之策划、筹备始于2015年初夏，脱稿掩卷之余，编委甚幸本书在编撰中能获诸多单位和朋友的鼎力相助。由始至终，中国科学技术大学、中国科学院力学研究所、钱学森科学和教育思想研究会、中国科学院科技翻译工作者协会等单位皆多次为书稿立意、格局及文字进行研讨。

本书编撰过程中，郭芹挚友李伟格女士、中国科大档案馆、中国科学院力学研究所等各方支持提供各类照片、信件千余件，李佩先生之外甥女袁和女士将其珍藏之家族影集悉数提供。更蒙李佩先生信任，获先生珍藏数十年之照片、书信，其中含大量郭永怀教授之影作。郭永怀教授为学界经天纬地之才，然其艺术造诣亦令人赞叹，其作品在构图、用光、意境上颇为考究。为保持郭先生作品之原貌，本书对其所摄之照片无裁剪、无修改，仅对磨损之处做必要修复。感谢中国科学技术大学出版社的美术编辑们耗时数月使这些照片焕然一新。

为能让读者更直接了解李佩先生，本书每一章节皆收录李佩先生之语，其言取自中国科大新创基金会刘志峰先生《李佩先生的访谈》、中国科大口述校史《李佩先生访谈》等文或录音，书中所用段落根据以上资料整理成文。

本书之英语说明由王克仁教授、陈允明教授撰写，两位先生对文字表达甚为严谨达意。又，本书编撰中得到作家王丹红女士、中国科大校友总会王昱老师等协助。在此谨表谢意。

前期图片整理及扫描工作由陈力炜、张凤仙完成，在此深表感谢。

对中共山东省荣成市委、国一传媒(北京)有限公司的大力支持表示感谢。

郁百杨

中国科学技术大学兼职教授

2016年7月7日